Allemand et Résistant

Hugo Schmidt, combattant antinazi

(Le chant des ruines I)

Bernard Favre

Préface de Hélène Leclerc

editions Ampelos

www.editionsampelos.com

ISSN : 2649-3462

ISBN 978-2-35618-149-7

Sommaire

Depuis ce cachot,
je vais vers une mort glorieuse.
Je meurs pour la liberté
pour laquelle j'ai vécu et combattu,
et pour laquelle je me sacrifie à présent.
[...]
Amis, ayez courage!
A l'arrière,
parents, femmes et enfants vous soutiennent.
Et l'ennemi agit sur ordre
et non par conviction.
Protégez vos biens.
Et mourez joyeusement
pour préserver ce qui vous est cher,
comme je vous en donne l'exemple.

Egmont-Beethoven (d'après Goethe)

Préface

Des milliers d'Allemands rejoignirent les rangs des mouvements de résistance dans les pays occupés par l'Allemagne nazie. En France, leur nombre a pu être estimé à environ 1.000 personnes[1], un chiffre qui concernait surtout les résistants actifs au sein du TA (Travail allemand), dont le rôle consista à infiltrer l'appareil militaire allemand pour renseigner la Résistance française et tenter d'impulser un mouvement de résistance au sein de la Wehrmacht. Cependant, il y eut aussi des Allemands dans la Résistance armée et dans les maquis. Le groupe le plus important, composé d'émigrés allemands et communistes, se joignit au maquis « Bir Hakeim » dans les Cévennes.

L'histoire de la Résistance allemande en France est relativement bien documentée dans l'historiographie allemande, mais aussi française, en particulier grâce aux travaux de Gilbert Badia.

---

[1] Estimation de la Commission militaire du PCF, citée par Dieter Marc Schneider dans l'article « Deutschsprachige Emigranten in der europäischen Résistance und an der Seite der Alliierten » [Émigrés de langue allemande dans la Résistance européenne et aux côtés des Alliés], in Claus-Dieter Krohn (et al.) (éd.), *Handbuch* der deutschsprachigen Emigration 1933-1945, WBG, 2008[2], p. 624.

La plupart des Allemands engagés dans la Résistance en France étaient issus de l'opposition politique de gauche à Hitler ; beaucoup avaient trouvé refuge en France à partir de 1933, puis pris part à la Guerre d'Espagne au sein des Brigades internationales. La France, qui pratiquait une politique d'asile libérale, passait alors pour une terre d'accueil. Cette politique se durcit toutefois progressivement au cours des années 1930 pour se muer, à partir de novembre 1938, en une politique d'internement, avec un décret qui prévoit la création de centres d'internement destinés aux étrangers en situation irrégulière, ce qui inclut par conséquent un grand nombre de réfugiés politiques. Cette pratique d'internement administratif s'intensifiant au moment de l'entrée en guerre de la France, beaucoup d'Allemands et Autrichiens antinazis réfugiés vont donc subir, à partir de 1939, le sort de « suspects » ou « indésirables » et faire l'expérience, dans des conditions particulièrement rudes et dramatiques, des camps d'internement, véritables « camps de la honte »[2].

Parmi ces réfugiés antinazis, certains noms sont davantage connus en France, tel le résistant Gerhard Leo, né en 1923, dont le récit autobiogra-

---

[2] Voir notamment l'ouvrage d'Anne Grynberg, *Les camps de la honte*, La Découverte, 1991, ou l'ouvrage de synthèse de Denis Peschanski, *La France des camps. L'internement 1938-1946*, Gallimard, 2002.

phique a été publié en français en 1997[3], telles encore la résistante communiste Dora Schaul (1913-1999) ou Lisa Fittko (1909-2005), qui contribua à sauver un grand nombre d'exilés en les menant de l'autre côté de la frontière espagnole[4]. Car il y eut aussi beaucoup de femmes parmi les résistants allemands en France[5]. Mais nombre de ces destins sont encore dans l'ombre et mériteraient qu'on s'y intéressât.

Le présent ouvrage est une pierre à cet édifice. Bernard Favre y retrace minutieusement le parcours du communiste allemand Hugo Schmidt (1910-1944), un parcours tragiquement « classique » pour un réfugié antinazi activement recherché par la Gestapo, marqué par l'émigration à partir de 1934, l'engagement en Espagne, où il combattit au sein de la 12e Brigade internationale, et l'internement. Hugo Schmidt ne se réfugia toutefois pas en France lorsqu'il quitta l'Allemagne, mais en Belgique, qui lui réservera, à son retour d'Espagne en janvier 1938, le même sort que la

---

3 Gerhard Leo, *Un Allemand dans la Résistance. Le train pour Toulouse*, traduit de l'allemand par Pierre Durand, préfaces de Gilles Perrault et de Bernard Thibault, Éditions Tirésias, 1997.

4 Voir son récit *Le chemin des Pyrénées. Souvenirs 1940-1941*, traduit de l'allemand par Léa Marcou, Paris, Maren Sell et Cie, 1987.

5 Voir par exemple l'ouvrage d'Ulla Plener, *Frauen aus Deutschland in der französischen Resistance* [Femmes allemandes dans la Résistance française], edition bodoni, 2006.

France aux étrangers jugés « suspects » ou « indésirables », puisqu'il y est interné. La Belgique négocia ensuite avec la France son transfert, et celui de centaines d'autres internés, pour les camps d'internement du Sud de la France, d'abord Saint-Cyprien, puis Gurs. La suite est plus singulière, puisque Hugo Schmidt, incorporé dans un « Groupement de Travailleurs Étrangers » en Haute-Savoie, rejoint le maquis et fera ainsi partie de ces Allemands antinazis engagés dans la Résistance armée en France. Arrêté et exécuté en 1944, il n'a eu le temps de laisser ni mémoires, ni récit. Seules une ballade composée au camp de Merxplas en Belgique et quelques lettres adressées à son épouse témoignent encore de ce destin dramatique et de l'engagement qui fut le sien. L'enquête biographique et historique précise à laquelle s'est livré Bernard Favre en explorant les archives allemandes, familiales mais aussi françaises et belges, n'en est que plus précieuse et nécessaire.

Hélène Leclerc

maître de conférences à
l'Université Toulouse-Jean Jaurès

Figure 1: Julien HELFGOTT - juin 2013

Quand j'ai fait la connaissance de Julien Helfgott[6], ancien Résistant, combattant des Glières, je ne pouvais pas imaginer les conséquences de cette rencontre. J'étais venu l'entretenir des raisons de son engagement pendant la guerre sans savoir qu'il allait m'introduire à d'autres destinées. Le personnage m'a tout de suite frappé par son intelligence et son charisme, mais surtout par un malheur qui semblait l'accabler et dont il ne s'était jamais débarrassé.

Condamné à mort par la Milice française en mai 1944, il échappa à l'exécution pour servir d'otage dans une « mystérieuse » négociation entre

6 Julien Helfgott est un des 80 résistants dont j'ai recueilli le témoignage pour la série documentaire « Résistances dans les Alpes » et le film « Cette lumière n'est pas celle du soleil » (Archives Cinémathèque des Pays de Savoie et de l'Ain).

Vichy et Alger. Parmi ses camarades arrêtés, cinq furent exécutés l'après-midi même de leur condamnation. Parmi eux, Hugo Schmidt. Son frère me dit-il. Hugo était Allemand, tout comme Julien Helfgott, militant anti-nazi. Il m'a fallu un peu de temps pour comprendre qu'ils n'étaient pas du tout frères de sang, mais en fait « frères » par le combat, par l'espoir, par l'idéal de justice. Rien que ces quelques détails et me voilà curieux. Et puis, c'est lui, me raconta Julien Helfgott, qui refusa avant son exécution le bandeau sur les yeux, « *pour voir ses assassins en face* » avait-il lancé au peloton d'exécution. Qui a pu être cet homme « ordinaire » porteur d'un tel souffle, non pas d'un courage, mais d'une volonté, d'une aspiration à la liberté ?

J'ignorais qu'après Julien Helfgott et qu'au-delà même de Hugo Schmidt, j'allais rencontrer d'autres personnages, aussi vaillants, aussi humains qui, contre une histoire qui s'acharnait à les détruire, se sont levés, simplement, avec une évidence désarmante, pour tenter de corriger le cours de l'histoire.

Malheureusement Julien Helfgott est décédé en octobre 2014, sans m'avoir tout raconté. Loin de là. Mais aujourd'hui, grâce à lui sans doute, je suis le colporteur des récits de vie de ceux qui, anonymes, n'entreront jamais au Panthéon.

Une jeunesse allemande

1923, surnommée par les Allemands « *l'année inhumaine* ». Hugo Reinhold Jakob Schmidt a 13 ans lorsque le 11 janvier les troupes françaises et belges entrent dans Düsseldorf. La population, massée sur les trottoirs, assiste impuissante à l'entrée en ville des forces d'occupation. Défilé d'hommes, d'armes, d'officiers paradant à cheval. Sur les films tournés par le service du cinéma des armées, on peut voir deux enfants courir le long du cortège. Ils ont l'âge de Hugo.

Figure 2: ©ECPAD/France /Extraits de : L'occupation de la Ruhr par les troupes françaises/réalisateur inconnu/1923

Cette entrée de l'armée française en Rhénanie est vécue de part et d'autre comme une « occupation de guerre » même si, le même jour,

Poincaré, président du Conseil, déclare devant la Chambre des députés : « *Nous allons chercher du charbon et voilà !* ». Rapidement, cette présence militaire *« s'accompagne de violences d'État (réquisitions, expulsions, condamnations, répression de grèves…) et/ou organisées (attentat, grève, résistance passive) ainsi que de violences plus spontanées et/ou individuelles telles que les heurts, les assassinats et les viols.*[7] »

Un mois plus tard, la presse française se fait l'écho de l'ironie de l'histoire, elle s'étonne de la coïncidence des événements et du temps. *Le Petit Journal* du lundi 12 février 1923 titre : « *Carnaval tranquille à Dusseldorf* ». Le journaliste Henry de Korab se félicite du calme : *« Au soir, on chante bien dans les rues, non pas* Deutschland über alles *mais* Mon Homme *et* J'en ai Marre, *deux chansons fort goûtées aux bords du Rhin. »* Sous la plume des journalistes, le carnaval apparaît plus important que les multiples actes de résistance à l'occupant.

Le destin de Hugo reste incompréhensible si on ignore ce qui s'est passé en Allemagne durant son enfance. Hugo Schmidt vit chez ses parents, Niederstrasse, au 2. Aujourd'hui, il ne reste rien des maisons de cette rue, ni d'ailleurs du Düsseldorf de son enfance, les forteresses volantes alliées ont fait leur œuvre en février 42. C'est une rue en cul de sac qui vient buter sur les lignes de chemin de fer et ce ne sont pas de beaux quartiers qu'on trouve

---

[7] *Occuper l'Allemagne après 1918*, Nicolas Beaupré. In : Revue Historique des Armées N°254, 2009.

en bordure de ces voies mais les quartiers ouvriers. En début de ce XXe siècle et comme partout en Allemagne, les ouvriers sont actifs, ils aspirent à une transformation du monde.

Quatre ans plus tôt, le pays a été secoué par un ardent désir de révolution, mouvement noyé dans le sang. C'est un moment de l'histoire moderne où les solutions apparaissent nécessairement collectives pour une classe ouvrière avide de changements. Mais après l'échec de cette « Révolution Spartakiste », les conflits prospèrent, tant entre forces progressistes qu'à l'intérieur même des partis, émoussant la « combativité des masses ».

« *L'Allemagne paiera* » avait proclamé Clemenceau au lendemain de la guerre, reprenant la formule énoncée en 1917 par son ministre des finances. Et c'est la Ruhr des mines et de la sidérurgie qui est censée s'acquitter des dommages de guerre. Mais les industriels allemands refusent « de jouer le jeu ». C'est pour les contraindre que l'Armée française du Rhin s'engage sur le bassin minier de la Westphalie le 11 janvier 1923. Sitôt arrivées, les autorités militaires convoquent les représentants des mines ; elles exigent qu'ils ordonnent aux autorités compétentes d'assurer la continuité des livraisons de charbon. L'association charbonnière du Reich décide alors de suspendre toute livraison tandis que maîtres des forges et responsables ferroviaires rejettent tout accord.

En découle une cascade d'interdits. Des arrêtés contrôlent les activités économiques (impôts sur le charbon, droits de douanes, réquisition du bois et des embarcations fluviales, taxes de toutes sortes, réquisitions industrielles) ; des décrets encadrent les pouvoirs de la Mission Interalliée de Contrôle des Usines et des Mines (MICUM) et ceux des autres administrations ; des règlements de plus en plus nombreux affectent toutes les sphères de l'activité publique : syndicats, presse, associations, voitures, services de trams, chemins de fer, droit civil et pénal, prévention et trahison, sabotage, déplacements, etc. Le nombre de décrets est supérieur à 170[8] !

L'appel du gouvernement allemand à la « *résistance passive* », les sabotages, les grèves, tout contribue à déchaîner les passions ; avec la complicité des chefs de l'armée (la Reichswehr), l'extrême-droite y voit une opportunité. Le général Erich Ludendorff, auréolé de son passé militaire pendant la Première Guerre Mondiale, ami d'Adolf Hitler et haïssant les politiciens qu'il dénonce comme les auteurs du fameux « *coup de poignard dans le dos* », cause de la défaite de 18, lance un appel aux armes. Accourent alors de toute l'Allemagne des volontaires de groupes paramilitaires. Les industriels sont disposés à prêter de l'argent au gouvernement pour acheter des armes. Des officiers allemands s'infiltrent dans la zone occupée pour coordonner les opérations de sabotage. La répression s'intensifie, apportant ainsi de l'eau au

[8] Vom Ruhrkrieg zur Rheinlandräumung. Friedrich Grimm, Hanseatische Verlagsanstalt, 1930.

moulin des nationalistes et de l'extrême-droite qui voient leur influence grandir, une extrême-droite responsable dans les 3 dernières années de 354 assassinats.

Tous les partis politiques apportent leur soutien à cette nouvelle « union nationale ». Seul le parti communiste refuse ce qu'il qualifie de capitulation devant la bourgeoisie allemande et appelle les travailleurs de la Ruhr à résister aussi bien contre l'occupant que contre leur propre bourgeoisie.

Les Français voient là l'opportunité de jouer la classe ouvrière contre le patronat. Les ouvriers sont en effet l'enjeu d'une concurrence acharnée entre autorités allemandes légales et autorités d'occupation. Mais toute négociation est rapidement rompue, tout accord rejeté : *« les ouvriers allemands n'ont pas de disposition pour l'esclavage »*[9].

La militante communiste Käthe Pohl[10] décrit en ces termes ce conflit : *« Il était d'une importance*

---

[9] Heinrich Imbusch, fondateur et premier président de l'Union syndicale des mineurs chrétiens de 1919 à 1933.

[10] Käthe Pohl, de son vrai nom Lydia Abramovna Rabinovitch. Après avoir été membre du BUND (Union générale des travailleurs juifs de Lituanie, de Pologne et de Russie), elle entre en 1919 au Parti bolchévique puis occupe les fonctions d'instructeur du comité central du Parti Communiste Allemand (KPD) et secrétaire du bureau technique jusqu'en mai 1924. Envoyée en France, elle en est expulsée en avril 1926. Elle entre à l'Internationale syndicale rouge et devient membre du comité central de 1928 à 1930. Elle est exclue en 1937 du comité central du Parti communiste d'Union Soviétique (PCUS), retrouve son poste en 1939 et réussit à passer à travers les purges successives.

capitale, à la fois pour la bourgeoisie allemande et pour les généraux français, d'avoir avec soi les ouvriers. Les uns et les autres ont cherché à attirer dans leur camp le prolétariat de la Ruhr et n'ont pas regardé à la dépense pour y arriver. (...) Les généraux français répètent en toute occasion que les troupes françaises sont entrées dans la Ruhr contre les bourgeois et non contre les ouvriers. (...) De nombreux agents français sillonnent la Ruhr, agissant dans le même sens. Côté allemand, mêmes efforts. Quand un directeur est arrêté par les Français, on essaie de constituer dans l'usine une « commission de libération » composée surtout d'ouvriers et, si possible, comprenant un ouvrier communiste. (...) Plus encore que les « commissions de libération », les grèves de protestation sont à la mode. Quoi qu'il arrive, un directeur arrêté, un maire condamné, un fonctionnaire expulsé, on essaie de déclencher une grève, en promettant que les grévistes seront payés pour leurs journées de grève »[11].

Le poids de la présence étrangère est écrasant. Economiquement, socialement. Résistance passive, mouvement ouvrier, partis politiques, provocations des militants d'extrême-droite, séparatisme rhénan, secouent la Ruhr. L'inflation conduit à une augmentation de la pauvreté sous le regard indifférent des patrons. Pour faire face aux grèves des chemins de fer, l'occupant fait appel à des ouvriers français et belges tandis que le travail des mineurs allemands en grève est assuré par des mineurs polonais que les Français ont fait venir de Pologne. Un peu moins de 50.000 (les deux tiers) partiront

---

[11] Bulletin communiste, n° 10, 8 mars 1923.

ensuite pour le bassin minier du Nord-Pas-de-Calais où ils amèneront avec eux les techniques de production de la Ruhr allemande telles que le marteau-piqueur.

L'Internationale communiste pense qu'une révolution en Allemagne reste possible. Des plans d'insurrection sont élaborés à Moscou. L'entrée des communistes dans les gouvernements sociaux-démocrates de Saxe et de Thuringe est alors considérée comme l'occasion de lancer une grève générale qui débouchera sur une insurrection nationale et une prise du pouvoir. Le Parti Communiste Allemand (KPD) voulant profiter de l'occasion décide de déclencher une grève générale, mais les sociaux-démocrates de gauche ne suivent pas. Le Parti annule alors l'ordre du déclenchement de « l'Octobre allemand ». A Hambourg, la révolte armée est lancée le 23 octobre 1923 sans savoir que l'ordre a été annulé. Les ouvriers passent à l'action, seuls. La révolte est matée en quelques heures. La répression est sans merci : plus de 100 morts et 300 blessés.

Un autre événement plonge Düsseldorf dans la peur, les meurtres en série de Peter Küten, le « *vampire de Düsseldorf* ». La ville d'Hanovre, elle, a son « *boucher* » et Münsterberg son « *cannibale* ». Depuis la fin de la Première Guerre Mondiale, l'Allemagne est frappée par les exactions de plusieurs « criminels de masse[12] ». Malheureusement, les Allemands n'ont encore rien vu.

Hugo ne peut qu'être marqué par l'occupation de sa ville qui conduira à l'agitation politique et aux grèves de l'automne 1923. Est-ce le terreau de son engagement, le début de sa prise de conscience politique, de son adhésion à une organisation ?

---

12 Au cours de la nuit du 4 septembre 1913, les habitants du village allemand de Mühlhausen (Württemberg) sont réveillés par des coups de feu. Dans la rue, ils trouvent un homme, Ernst Wagner, le visage dissimulé derrière un voile noir, armé de 2 pistolets. Il tire avec précision et tue huit hommes et une jeune fille ; douze autres sont gravement atteints. Il avait tué sa femme et ses 4 enfants la nuit précédente. Jusque-là, le mot « Amokläufer » était utilisé dans ces affaires de meurtres de masse. C'est dans cette affaire criminelle que le terme « *massenmörder* » aurait été utilisé pour la première fois. Mais c'est dans les années 30 que « *mass murder* » est employé avec certitude dans un journal populaire américain pour qualifier les crimes d'Albert Fish, tueur et cannibale américain.

L'Allemand rouge

Le 30 janvier 1933, Adolf Hitler devient chancelier. Deux mois plus tard, la Loi du 24 mars, édictée « en vue de remédier à la détresse du peuple et du Reich », donne à Hitler le droit de gouverner par décret. Tous les instruments de la répression sont mis immédiatement en place, des polices de toutes espèces apparaissent. La Gestapo, formée de militants de la SS, se met immédiatement à l'œuvre. Les arrestations se multiplient forçant rapidement de nombreux opposants à fuir l'Allemagne.

A cette date, Hugo, qui a 23 ans, est membre du Parti communiste allemand et, au regard du dossier de la Gestapo, un militant très certainement actif. Pour preuve, il est arrêté une première fois, sur dénonciation, le 27 septembre 1933, sept mois après l'arrivée au pouvoir du parti national-socialiste (Nationalsozialistische Deutsche Arbeiterpartei - NSDAP). Les nazis n'ont pas perdu de temps. Soupçonné « *d'activité ennemie de l'Etat* », il est écroué au poste de police. Une perquisition faite à son domicile « *a permis de trouver une casquette antifa ainsi que 2 disques gramophone de la marche socialiste jouée par l'orchestre Schalmeien de la RFB* »[13]. Le RFB (Rote Frontkämpferbund) est la formation de

---

13 Landesarchiv Nordrhein-Westfalen, Gestapo-Akte RW0058 Nr.14789.

combat du Parti communiste. Quant à « l'orchestre SCHALMEIEN », il s'agit de la clique musicale du RFB composée de fifres, cuivres et tambours[14]. Soupçonné de préparer un acte de haute trahison (accusation souvent faite aux adhérents du Parti communiste), il est interrogé par la police criminelle le 30 septembre 33. Il réfute un témoignage qui le charge.

Interrogatoire du 30 septembre 1933, déclaration de Hugo Schmidt : « *De janvier à novembre 32, j'ai été membre du Parti Communiste. Je n'avais pas de fonction particulière. Après mon retrait du P.C., je n'ai participé à aucun entretien avec Hölscher. Peut-être qu'en décembre alors que je me trouvais chez Madame Hölscher, Hölscher était présent à son domicile.*

Autant que je me souvienne, j'étais là en raison de leur canari. Je connais Hölscher parce qu'il était souvent Niederstrasse où il réparait son vélo. Je nie avoir été en possession d'une arme à feu et je ne comprends pas pourquoi Hölscher dit que j'en possédais une. Autant que je sache,

---

14 Au début du XXe siècle, la musique et ses fonctions sociales sont encore très prégnantes dans les sociétés. Chaque parti, chaque organisation, ainsi que de nombreuses entreprises (les mines, bien sûr) a sa fanfare, sa clique, son orphéon. La musique est un outil de regroupement (défilés, manifestations, meeting...), de diffusion d'idées, de communication, de propagande. « *Le Parti communiste allemand utilise pour sa propagande une musique d'essence prolétarienne, que l'on retrouve alors dans les troupes d'agit-prop, dans certaines chorales ouvrières mais aussi dans la Kampfmusik (musique de combat) dont Hanns Eisler se fera le champion.* », *La musique sous les idéologies nazie et communiste en Allemagne et en URSS de 1920 à 1953*, Paul Lazarini, Histoire. 2011.

Hölscher se trouverait dans le centre de soin (psychiatrique) de Grafenberg.

Je connais Barth[15] *uniquement de vue et ne viens d'apprendre son nom que maintenant. »*[16] (traduction de l'allemand)

Les preuves étant considérées comme insuffisantes, il est relâché après son interrogatoire. Dix jours plus tard, il doit faire une déclaration dans laquelle il s'engage à ne plus prendre part à l'avenir à des manifestations. En contrepartie, il peut être assuré de sa sécurité s'il respecte ces conditions.

Au printemps 1934, Himmler est à la tête de toutes les polices allemandes et étend le champ d'action de la Gestapo à toute l'Allemagne. A la tête du service central de la Gestapo, il nomme Reinhard Heydrich, déjà responsable du SD[17], qui à

---

[15] Peut-il s'agir d'Emil Barth, ouvrier métallurgiste, militant révolutionnaire et député proche de Karl Liebknecht et de Ernst Thälmann ? Il joua un rôle important dans la préparation et la conduite de la Révolution de Novembre 1918. Durant la dictature nazie, il fut arrêté plusieurs fois par la Gestapo jusqu'à sa mort à Berlin le 17 Juillet 1941 à l'âge de 62 ans. Mais il est plus vraisemblablement question de Josef Barth, un jeune étudiant communiste, qui rédigeait des tracts distribués clandestinement, par des militants, la nuit, dans les boites aux lettres ou jetés dans les lieux publics de Düsseldorf.

[16] Idem note 8.

[17] Le Sicherheitsdienst ou SD, traduit en français par « service de la sécurité », était le service de renseignement et de maintien de l'ordre de la SS. Créé dès 1931 par Reinhard Heydrich, sous le nom de « ND » Nachrichtendienst (service de renseignement), il prend officiellement celui de "SD" en juillet 1932. Après 1933, il est la seule organisation centralisée d'information dont dispose la direction du Parti et reconnue officiellement comme telle par Rudolf Hess en juin 1934.

son tour désigne comme adjoint à la direction de la Gestapo, Heinrich Müller, qui s'était notamment illustré dans la lutte contre les communistes. A cette date, 150.000 à 200.000 personnes sont internées.

A la demande du procureur général de Hamm concernant une certaine *« affaire Verheyen du mois d'août 34 relevant de haute trahison »*, la Gestapo lance le 22 octobre 1934 un avis de recherche contre celui qu'elle qualifie « *d'Allemand rouge* ». Le dossier concernant Hugo Schmidt note : « *le décrit ci-contre a participé de mars 33 à août 34 à l'appareil du Parti Communiste. Il est recherché par le procureur de Hamm dans le cas du dossier n° : OJ 691/34.*

Schmidt est en fuite depuis août 1934 en fait et se trouverait probablement en Hollande, vêtu d'un pantalon clair « antifa » et d'une veste blanche, et n'a pas réapparu. »[18] (traduction de l'allemand)

Un de ses oncles affirmera plus tard par écrit que Hugo avait été considéré comme « ennemi du national-socialisme » et déchu de sa nationalité.

---

18 Landesarchiv Nordrhein-Westfalen, Gestapo-Akte RW0058 Nr.14789.

Exil au Borinage

L'exil politique. Sans doute le plus difficile, le plus douloureux. Quitter le pays contraint et forcé. Celui qu'on aime, pour lequel on est prêt à toutes les luttes. Partir, le cœur déchiré. On espère cette rupture momentanée et le retour comme une certitude. Le changement du monde aussi. Mais l'exil c'est aussi perdre ses moyens d'existence. Le 22 juillet 1934, Hugo part, via la Hollande, pour gagner la Belgique.

A cet instant de sa vie, à quoi ressemblait Hugo, quel visage avait-il ? Comment réussir à le décrire ? Pas de témoignages, pas d'archives, mais sa fiche signalétique dans le dossier de la Gestapo :

Taille : 1m68	*Corpulence : forte*
Allure générale : R.A.S.	*Forme du visage : ovale*
Cheveux : sombres ondulés	*Pas de barbe*
Yeux : foncés	*Front : haut*

Nez : droit

Oreilles : ~~ronde; ovale, triangulaire, carré, grande, petite~~
? (point d'interrogation ajouté à la main)

Bouche : ~~grande, petite, mince, épaisse, lippue~~ normale
(note ajoutée à la main)

Dentition : complète

Langue : accent de Düsseldorf[19]

---

[19] En Allemagne, les grandes régions dialectales sont définies par la prononciation, les évolutions phonétiques, la grammaire et le vocabulaire. Quand les Allemands parlent le Hochdeutsch, l'allemand standard, ils gardent certains mots régionaux, mais surtout leur façon de prononcer les sons,

Une fiche annexe précise :

> *Forme du visage : ovale, plein (souligné à la main)*
> *Cheveux noirs peignés en arrière*
> *Yeux légèrement en amande*
> *Dettes : non*
> *photo d'identité : non*

Indices guère suffisants pour en faire un portrait. Heureusement des photos de lui, prises peu d'années plus tard en Espagne, permettront de s'approcher un peu plus du personnage, de découvrir enfin son visage. Mais pour l'heure, bien difficile de décrire Hugo avec précision, les éléments biographiques étant trop rares.

A son arrivée en Belgique, il réside d'abord à Liège. Sans doute pour plusieurs raisons : la proximité de l'Allemagne certainement, mais peut-être aussi ses activités politiques. Le bassin minier qui va de Liège à Mons est depuis longtemps le siège de luttes ouvrières. La Wallonie a connu pas moins de 6 grèves, dont 3 générales. Celle de 32 au Borinage, mouvement de colère et de désespoir porté par une population accablée par la crise et lâchée par ses organisations[20], a duré 3 mois. Grève dure contre les compagnies minières, menée malgré l'opposition de leurs dirigeants syndicaux. Les femmes y ont eu un rôle essentiel, elles formaient

c'est à dire les accents, et reconnaissent tous à l'oreille ces grands ensembles.

[20] *La Grève générale de 1932*, Colette Huberty (Centre d'Animation et de Recherche en Histoire Ouvrière et Populaire).

les piquets de grève et se trouvaient souvent en tête des manifestations.

La crise des années 30 et les grèves de 1932, particulièrement violentes à Flénu (hameau industriel de la banlieue de Mons), ont porté un coup mortel à l'activité économique de ce village. Dès 1920, des puits du Nord du Flénu et du Couchant du Flénu avaient déjà été fermés. En 1933, les quatre puits encore exploités furent fermés ainsi que l'atelier de construction ; 3.800 ouvriers perdirent leur travail. Les loyers s'envolent, la pression fiscale grève les budgets, les salaires stagnent : les primes et heures supplémentaires sont supprimées, le niveau de vie général régresse. On estime à 300.000 le nombre de chômeurs, complets ou partiels.

Après les grèves, une organisation révolutionnaire trotskiste, le « Daugisme », du nom de son fondateur Walter Dauge (1907-1944), fait son apparition à Flénu. Elle deviendra « L'Action Socialiste Révolutionnaire » (A.S.R.), parti trotskiste affilié à la IVe Internationale. A cette période, le Borinage attire nombre d'artistes et d'intellectuels - André Gide, Marc Allégret, Jean Fonteyne[21]

[21] « Avocat, Jean Fonteyne adhère au Secours Rouge International au sein duquel il défend des immigrés et des militants pourchassés par la police. Au début des années 1930, il acquiert une caméra et filme un rassemblement communiste à Charleroi en hommage à Louis Tayenne, ouvrier tué lors de la grande grève des mineurs de 1932. La manifestation Tayenne sera considérée comme le premier documentaire social en Belgique. J. Fonteyne est l'une des chevilles ouvrières de Misère au Borinage, réalisé par Henri Storck et

et les réalisateurs Henri Storck et Joris Ivens. Il draine aussi des militants de toutes provenances. Hugo était-il un de ceux-là ?

A l'époque, de nombreux antifascistes trouvent refuge en Belgique. Les Italiens d'abord, puis, à partir de 1933, de nombreux dirigeants communistes allemands tandis que les militants demeurés en Allemagne tentent de s'organiser dans la clandestinité.

En Allemagne, grâce aux mouchards et aux perquisitions, la Gestapo dispose de listes et procède à de nombreuses arrestations suivies d'une déportation en masse. Dès le 3 mars 1933, Ernst Thälmann, secrétaire général du KPD, est arrêté. En juillet, des dizaines de milliers de personnes sont internées et on compte 27.000 prisonniers politiques dans les camps de concentration. Au mois de novembre, on atteint le chiffre de 60.000 militants communistes arrêtés et 2.000 assassinés. Les procès ont lieu à la chaîne. A partir de 1934, les militants révolutionnaires allemands (communistes ou non, juifs ou non) tentent de gagner la Belgique afin d'échapper à la répression nazie.

Beaucoup fuient la menace des camps d'internement et quittent leur pays *in extremis* avant une nouvelle arrestation. Mais la Belgique n'est pas un havre de paix pour les réfugiés Alle-

---

Joris Ivens à l'automne 1933, à la suite de la grève générale des mineurs en 1932. Comme avocat, il protège l'équipe de tournage. » in : Le Maitron, Editions de l'Atelier.

mands. Les communistes sont sous la menace d'une extradition vers l'Allemagne comme ce fut le cas le 7 mars 1936 pour cinq Allemands qui résidaient illégalement depuis quelques mois en Belgique. Une expulsion analogue avait déjà eu lieu en octobre 1935. D'autre part, en accord avec le régime allemand, les services de police belges exercent une surveillance sévère des trains à destination de l'Allemagne afin de limiter le trafic clandestin de matériel de propagande antinazie. Néanmoins, la lutte contre le IIIe Reich se poursuit : activités politiques et syndicales, impression de journaux et tracts, accueil des nouveaux réfugiés.

C'est le moment précis de l'arrivée de Hugo. Difficile d'y voir le hasard. A Liège, il dit être charpentier comme il le déclarera plusieurs fois dans le futur. La Gestapo, dans son dossier, notera : coffreur. Dans les mines, l'homme d'about est un charpentier responsable du creusement des fosses et du cuvelage (coffrage) des puits. Dans une région où une grande partie de l'emploi est fournie par les mines, on peut se demander si Hugo n'y a pas été employé. Impossible de répondre à cette question, mais le futur apportera néanmoins quelques indices. Plus tard en effet, dans un autre lieu et dans d'autres circonstances, il sera boiseur dans une mine. Boiseur : charpentier chargé de poser et d'entretenir les bois qui forment les galeries. Possible raison à son installation en pays minier belge - le Borinage était alors couronné d'un nuage de suie que crachaient sans cesse des dizaines et des dizaines de cheminées de charbonnages.

Bien que Hugo ait fui l'Allemagne, la Gestapo ne lâche pas l'affaire. Le 9 août 1935, le juge de Hamm envoie une note à la Gestapo en référence aux poursuites d'août 34. Il demande où se trouve actuellement Hugo Schmidt, car il est toujours recherché pour la préparation d'un acte de haute trahison. Le 15 août, l'avocat général de Hamm constate que si l'arrestation de Hugo Schmidt n'a pu se faire c'est probablement en raison d'une éventuelle fuite en Hollande. Ils ont un train de retard. Hugo est de ces gens qui ont la bougeotte. A moins qu'il se déplace pour des raisons de militantisme politique. Mais l'un n'empêche pas l'autre.

Après avoir vécu 16 mois à Liège « sans inscription », ce qui veut sans doute dire illégalement, il quitte la Belgique pour les Pays-Bas le 22 octobre 1935. Il semble qu'il réside à Amsterdam un court moment. Puis, quelques mois plus tard, on le retrouve à nouveau en Belgique, à Bruxelles où, au même moment, Sara Wijnberg, jeune femme hollandaise ayant émigré en Belgique, travaille comme femme de ménage. Est-ce là qu'ils se sont rencontrés ? A moins qu'ils se soient connus à Amsterdam - seconde éventualité mais plus hypothétique - et qu'ils aient alors décidé de partir ensemble pour Bruxelles.

Comment ont-ils fait connaissance ? Par le biais de leur appartenance respective au communisme ? Et qu'ont-ils chacun confié à l'autre de leur passé, de leurs mésaventures respectives ? On est sûr d'une chose, ils ont eu rapidement une liaison qui allait durer malgré et contre les événements futurs. Coup de foudre, sans doute.

Juin 1936, Hugo Schmidt est toujours recherché par la justice allemande dans le cadre de l'enquête le concernant : l'« Affaire OJ 69134 ». C'est aussi l'année où Klaus Barbie, jeune diplômé de l'école des führers de la sûreté de Berlin et agent des services secrets de la S.S., est nommé à Düsseldorf. Sa mission : infiltrer les opposants. La Gestapo de Düsseldorf note qu'à cette époque, Hugo est sous la protection du Secours Rouge international (S.R.I.). En réalité, comme nombre de ses camarades antifascistes, il est secouru par cette organisation.

C'est en 1922 que la Société des vieux bolchéviks lance l'idée d'une « association russe d'aide et de solidarité internationale aux combattants de la Révolution » (M.R.O.P.) Soutenue par l'Internationale Communiste (Komintern), elle adopte le nom de Secours Rouge International et s'adjoint rapidement de nombreuses sections nationales. Dans les pays fascistes (Italie, Pologne, Allemagne, puis Espagne...), le S.R.I. œuvre contre la répression de manière clandestine, mais il est lui-même sévèrement réprimé. Dans les démocraties bourgeoises, les nombreuses campagnes pour dénoncer les crimes fascistes et nazis ont un énorme retentissement. Le S.R.I. va mener campagne pour

Sacco et Vanzetti, pour les insurgés bulgares et asturiens, pour les antifascistes espagnols, allemands et italiens. Il assure une solidarité matérielle et une assistance juridique aux immigrés politiques antifascistes. Créée en 1925, la section belge se joint aux campagnes internationales. Sa première intervention de grande ampleur sur le territoire national a lieu à l'été 1932 lors de la grève dans le Borinage. Durement touchée, la population peut compter sur l'aide du Secours Rouge. Mais le gouvernement, désireux de faire obstacle au soutien aux mineurs, interdit la section belge.

Le 19 Septembre 1936, Hugo s'installe à Flénu, dans la banlieue de Mons, ville surnommée « Cœur du Vieux Borinage ». Sara le rejoint rapidement. Mais leur aventure amoureuse semble vouée à être de courte durée. Peu de temps après, le 5 novembre de la même année, Hugo, homme de conviction, quitte la Belgique pour aller combattre en Espagne. On imagine facilement que ces deux-là partageaient un même idéal.

Guerre en Espagne

Figure 3: Le bataillon Thälmann en Espagne

Hugo Schmidt quitte la Belgique pour l'Espagne, 3 mois après le début du conflit. Comme nombre de ses camarades réduits depuis des années à la clandestinité ou condamnés au cycle infernal des expulsions-refoulementsemprisonnements, Hugo s'affranchit en partant combattre aux côtés des Républicains. *« On était las de théoriser et de prêcher la révolution, on voulait la vivre. De victimes, on voulait devenir combattants »*, a écrit un ancien d'Espagne[22].

Souvent, le Secours Rouge International paie le train aux engagés et leur délivre une petite somme d'argent pour les premiers frais. C'est lui aussi qui indemnise parfois leurs familles, mais pour celles qui résident en Allemagne ou en Italie, les sommes envoyées par mandat-poste international sont saisies par la police.

C'est à Albacete, où une base aérienne sert de quartier général aux Brigades Internationales, que Hugo rejoint le Bataillon Thälmann, unité d'inspiration communiste constituée le 10 novembre 1936 à Barcelone. Le bataillon est composé principalement de 1.500 Allemands, mais aussi d'Autrichiens, de Scandinaves et de Suisses. Il porte le nom du secrétaire du Parti communiste d'Allemagne Ernst Thälmann, emprisonné en 1933, tenu au secret, puis exécuté en 1944 sur ordre de Hitler. Quatre bataillons : Thälmann, Garibaldi, Dombrowski *(qui s'écrit aussi Dabrowski)* et André Marty font partie d'une même Brigade internationale, la 12e[23], dont tous les dirigeants sont issus du Komintern et pour

---

[22] *Oggi in Spagna domani in Italia*, Carlo Rosselli, Einaudi 1973.
[23] La 12e Brigade internationale fut créée à Albacete le 22 octobre 1936. Son premier officier commandant, un général hongrois, « Pavol Lukács » (Máté Zalka), forma la 45e Division de l'Armée Républicaine espagnole et fut tué à Huesca.

certains brutaux et incompétents. Des hommes tels André Marty, Vladimir Ćopić ou János Gálicz, qui, selon la formule de Herbert Matthews, reporter américain du New York Times, « *luttant pour l'Internationale communiste au lieu de lutter pour la République Espagnole* », ont été responsables d'un nombre de morts bien trop élevé.

Figure 4: Hugo (fumant la pipe) au milieu d'un groupe de combattants (Archive familiale)

On estime qu'en 1937, les Brigades internationales regroupent environ 59.000 personnes. Bon nombre de ces volontaires sont proches de la trentaine, beaucoup sont mariés et pères de famille, loin du cliché des jeunes gens, encore presque adolescents, partis sur un coup de tête. Ils sont communistes, anarchistes ou socialistes, voire sans appartenance à une quelconque organisation ou même aventuriers ou chômeurs.

Une note de la Gestapo du 8 décembre 1937 stipule : « *Comme nous venons de l'apprendre le coffreur Hugo Schmidt est en Espagne Rouge dans les Brigades Internationales* », information confirmée par une seconde note datée du 18 février 1938 : « *Toujours recherché pour être arrêté. Il serait toujours en Espagne* »[24]. (traduction de l'allemand)

Un combattant Italien, Paolo Balli (connu sous le pseudonyme d'Arturo Torriani), appartenant au Bataillon italien Garibaldi de la même 12e Brigade, décrit ainsi, dans ses mémoires, l'arrivée en Espagne :

« *Après un bref arrêt à Madrid, on nous a transférés à Albacete, base où on nous enseignait les choses les plus élémentaires pour manier un fusil, une grenade, une bombe à main (puisque la plus grande partie des arrivants n'y connaissaient rien) et aussi comment se comporter au cours d'une attaque, une retraite, sous un bombardement aérien ou devant un tir d'artillerie, etc. Cette instruction rudimentaire terminée, qui durait environ un mois, on partait sur le front.* » (traduction de l'italien).

---

24 Landesarchiv Nordrhein-Westfalen, Gestapo-Akte RW0058 Nr.14789.

Figure 5: Hugo (à gauche) en arme (Archive famille)

Appartenant à la même brigade, Hugo Schmidt et Paolo Balli se sont côtoyés pendant un an, ils ont partagé les mêmes lieux, les mêmes combats, risqué leur vie sur les mêmes champs de bataille. Se sont-ils croisés, connus et liés à cette époque ? Comme il l'affirme dans ses mémoires, Paolo, parlant le russe, servit de messager auprès des Polonais et des Allemands qui combattaient régulièrement au côté des *Garibaldini*. Est-ce ainsi qu'il aurait pu faire la connaissance de Hugo ? Rien ne permet de l'affirmer.

Les Brigades Internationales étaient de notoriété publique des formations de choc ; leur composition de volontaires antifascistes disciplinés et courageux - qu'on nommera plus tard Brigadistes ou Interbrigadistes - offrait une garantie irréfutable tant pour combler une brèche que briser un front.

Les motivations de ces volontaires sont multiples. Pour les Allemands, les Italiens et autres Européens venant de pays sous gouvernement fasciste, le combat en Espagne est vu comme une première étape pour restaurer la démocratie et promouvoir une cause révolutionnaire dans leur propre pays. Mais l'antifascisme ne fut pas leur unique motivation. Bon nombre d'entre eux défendaient la révolution prolétarienne et l'instauration d'un État ouvrier.

Spaniens Himmel breitet seine Sterne	Le ciel d'Espagne déploie ses étoiles
Uber unsre Schützengräben aus.	Au-dessus des tranchées,
Und der Morgen grüsst schon aus der Ferne.	L'aube pointe déjà à l'horizon.
Bald geht es zum neuen Kampf hinaus.	Bientôt commence un nouveau combat.
Refrain	*Refrain*
Die Heimat ist weit,	La patrie est loin,
Doch wir sind bereit.	Mais nous sommes prêts. Nous
Wir kämpfen und siegen für sie :	combattons pour toi :
Freiheit !	Liberté !
Dem Faschisten werden wir nicht weichen,	Nous ne reculerons pas devant les fascistes.
Schickt er auch die Kugeln hageldicht	Ils tirent sur nous une grêle d'obus.
Mit uns stehn Kameraden ohnegleichen	Camarades sans pareil,
Und ein Rückwärts gibt es für uns nicht.	Nous ne reculerons pas.
Rührt die Trommel ! Fällt die Bajonette !	Sonnez trompettes ! Baïonnettes au canon !
Vorwärts, Marsch !	En avant ! La victoire sera notre récompense !
Mit der roten Fahne ! Brecht die Kette !	Avec le drapeau rouge, brisez les chaînes !
Auf zum Kampf, dasThälmann-Bataillon !	En avant, bataillon Thälmann.

Chant du bataillon Thälmann
(musique Paul Dessau, paroles Gudrun Kabisch)

Selon un rapport de la Gestapo, une Gestapo qui ne lâche toujours rien, Hugo a dû quitter l'Espagne. Mais avant son départ, il lui a fallu, comme tous ses camarades des Brigades, transiter par un camp de démobilisation où, devant le commissariat de guerre des Brigades internationales, tous subissent un interrogatoire détaillé permettant d'établir la biographie de chacun. Y figurent aussi les observations du comité du Parti de la brigade et parfois même celui de camarades. Les comités du Parti des hôpitaux transmettent aussi leurs appréciations et un blessé peut être jugé comme simulateur. Au-delà de leur pays d'origine ou de provenance, de dates ou de leurs affectations, ce qui semble le plus important, ce sont les jugements sur leur comportement politique. Tous sont mis en fiche. A les lire, on constate que ceux qui ne sont pas inscrits à un parti communiste sont souvent qualifiés d'indifférents, d'inactifs, d'indisciplinés voire de faibles ou de mauvais. Le verdict est peu souvent favorable. Les « bons camarades » eux jouissent de qualificatifs plus flatteurs et la commission les signale souvent au parti communiste de leurs pays respectifs.

Retour au Borinage

Hugo est de retour en Belgique le 31 janvier 1938. Onze mois plus tard, le 7 décembre, Sara Wijnberg et Hugo Schmidt se marient à Anderlecht et quittent rapidement la ville. Le 26 janvier 1939, Sara est radiée d'Anderlecht et enregistrée à une nouvelle adresse : 113 rue Albert Defrise à Flénu. A partir du mois de mars suivant, ils partagent le même logement : 61B rue des Produits à Flénu, adresse de Hugo.

Figure 6: Sara à la fin des années 30, Archive familiale

Les voilà mariés, sous le même toit. Font-ils des projets, espèrent-ils dans l'avenir, parlent-ils d'enfants, de politique, de lendemains ? Sans doute Sara espère-t-elle être enfin heureuse. Et lui ? Pour lui, c'est une chance. Une chance à saisir. Il ne l'a pas laissée passer.

Ils ont des amis : Jean, Jaanek (un compatriote allemand), Kurt (un autre compatriote allemand) qui est peut-être le Kurti futur compagnon de détention, ou Kurt qui mourra du typhus. Tous trois différents ? Et puis il y a les camarades de Jemappes, forteresse ouvrière de la métallurgie, à deux pas de Flénu.

Hugo et Sara sont ensemble. Projets ou non, ils vivent, partagent, s'aiment. Un peu de bonheur n'a jamais fait de mal à personne. C'est là que leurs errances auraient pu prendre fin. Il n'en sera rien car l'histoire peut être terrible, surtout pour ceux qui tentent d'en faire dévier le cours.

Durant tout ce temps, la Gestapo et la justice allemande continuent de s'intéresser à lui, de le suivre à la trace. Le 15 août 1938, la Gestapo de Berlin informe la police de Düsseldorf qu'une procédure de déchéance de nationalité est engagée. *« H.S. se trouve en Belgique, travaille pour le KPD. Reconnu comme réfugié par le Secours Rouge et protégé par cette organisation. Appartient à un groupe d'émigrés illégaux. Ce groupe est placé sous la protection de la direction du KPD de Bruxelles. »*[25] (traduction de l'allemand)

Le procureur de Hamm lance en même temps la procédure de déchéance de la nationalité alle-

---

[25] Landesarchiv Nordrhein-Westfalen, Gestapo-Akte RW0058 Nr.14789.

mande et un mandat d'arrêt pour préparation d'action de haute trahison.

Le 9 janvier 1939, un dénommé Karl Putzka, de retour d'Espagne à Bochum, indique « *que les Allemands suivants ont bien fait partie des Brigades Internationales : Hugo Schmidt ou Schmidtz de Düsseldorf.* » Il en donne la description et déclare : « *J'ai fait sa connaissance à Bruxelles alors qu'il revenait blessé d'Espagne où il avait servi comme mitrailleur* » (traduction de l'allemand,) confirmant ainsi une blessure dont la Gestapo était déjà informée. Putzka affirme aussi que Schmidt vit désormais dans la région de Luttich (Liège). Il ajoute deux noms : Zervel, canonnier dans le 14e bataillon de défense aérienne, et Voss, âgé de plus de 40 ans, ayant aussi appartenu au 14e. Une annotation précise : « *il se pourrait, avec certitude, qu'il s'agisse de Hugo Schmidt pour lequel nous connaissons les antécédents* » et « *qui est toujours actif contre l'Allemagne au sein du KPD illégal* »[26]. (traduction de l'allemand)

Belgique 1939

Dans cette fin des années 30, tout étranger, surtout s'il est Allemand, est considéré comme susceptible d'agir à l'encontre des intérêts du pays. A l'amalgame consistant à fourrer « *tous les Allemands dans le même sac* » s'ajoute le ressentiment économique vis-à-vis des réfugiés qui viennent « *profiter des avantages sociaux* », sans compter la sus-

---

[26] idem note 20.

picion politique à l'égard de ceux dont l'engagement est perçu comme subversif. Ces préjugés prennent une teinte particulière lorsqu'il s'agit de réfugiés juifs, victimes de l'antisémitisme religieux et/ou racial. *« Afin d'éviter que durant cette période de tension, les étrangers qui se trouvent en Belgique ne froissent par leur attitude la population, il y aurait lieu de surveiller particulièrement ceux d'entre eux qui notamment : 1) prendraient dans les lieux publics une attitude susceptible de révéler leur nationalité d'origine ; 2) qui se livreraient à des actes de nature à froisser la population ; 3) qui provoqueraient des discussions dans les lieux publics ou y prendraient part. (…) Les administrations de police communale sont priées de relever avec discrétion l'identité et l'adresse de tout étranger qui se départirait de cette réserve, et d'envoyer ces renseignements (…) à l'Administration de la Sûreté Publique »*[27].

L'arrêté-loi du 28 septembre 1939 sur la police des étrangers, permet de recourir à des mesures exceptionnelles telles que les assignations à résidence dans un centre de refuge ou l'internement des étrangers. En mars 1940, le ministre de la justice dote la justice militaire d'un cadre d'auxiliaires de police judiciaire. Et le 8 mai suivant, le ministre de la défense nationale donne

---

[27] Circulaire rédigée par Robert de Foy, administrateur de la Sûreté publique, et adressée aux bourgmestres le 30 août 1939. Citée dans Benoît Majerus, *Occupations et logiques policières. La police communale de Bruxelles pendant les Première et Deuxième Guerres mondiales (1914–1918 et 1940–1944)*, Bruxelles, 2004 (thèse de doctorat en Histoire, ULB, dir. J.Gotovitch), p.338.

l'ordre à tous les auditeurs militaires et aux différents magistrats concernés de se tenir prêts à procéder à l'arrestation des suspects dont les noms figurent sur les listes préparées par le comité de coordination. Débutent alors les internements. Dans ce climat, Hugo, Allemand anti-fasciste, et Sara, Hollandaise juive, sont tous deux les cibles d'une xénophobie triomphante.

Le 9 décembre 1939, bien que frappé d'expulsion, Hugo refuse de quitter le sol belge. Un mois plus tard, le 3 janvier 1940, il est arrêté par Oscar Dufrasne[28], commissaire de police de la commune de Flénu, pour ne pas avoir obéi à l'ordre d'expulsion. Détenu à la prison de Mons jusqu'au 12 janvier, il est transféré à celle de Forest (Bruxelles) le 30 janvier, puis à celle de Saint-Gilles (proche de Forest), avant d'être envoyé au camp de Merxplas[29] (Anvers) le 16 mars.

---

[28] Oscar Dufrasne, né en 1905, a pris sa retraite en 1970. Source Archive d'Etat en Belgique, Inventaire des archives du Parquet du Procureur du Roi près le Tribunal de première Instance de Mons 1863-2003 / P.-J. Niebes.
[29] Aujourd'hui, Merxplas s'orthographie Merksplas.

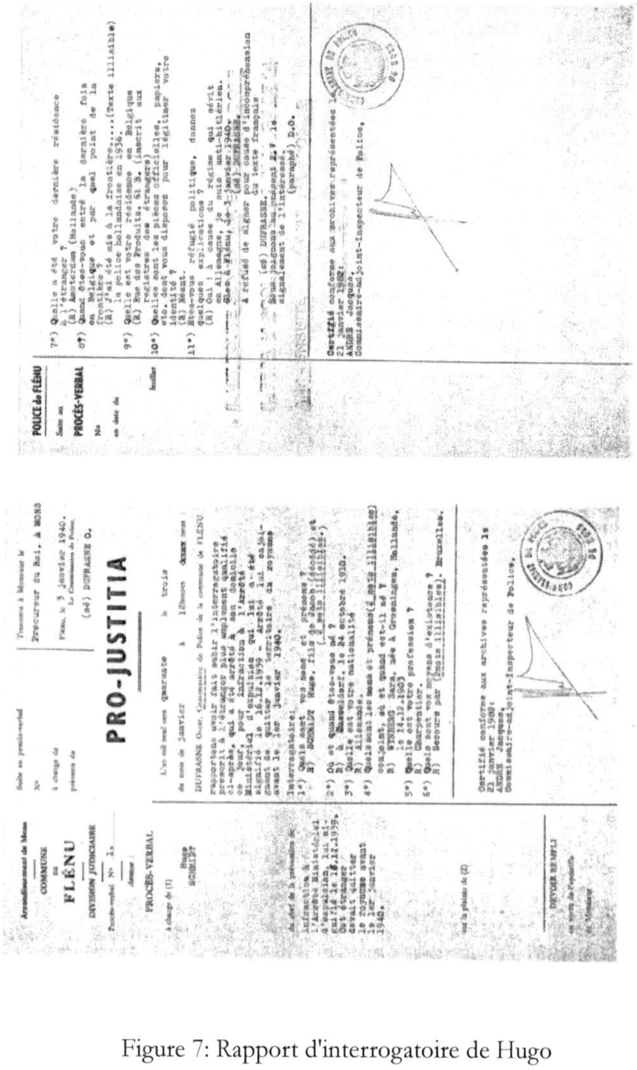

Arrondissement de Mons
COMMUNE de FLÊNU
DIVISION JUDICIAIRE
Procès-verbal N° 1.
PROCÈS-VERBAL
à charge de (1) Hugo SCHMIDT

Suite au procès-verbal N° à charge de prévenu de

Transmis à Monsieur le Procureur du Roi, à MONS
Flénu, le 3 janvier 1940.
Le Commissaire de Police,
(sé) DUFRASNE O.

PRO-JUSTITIA

L'an mil neuf cent quarante le trois du mois de janvier à 12heures devant nous DUFRASNE Oscar, Commissaire de Police de la commune de FLÉNU

rapportons avoir fait subir l'interrogatoire prescrit à l'étranger plus amplement qualifié ci-après, qui a été arrêté à son domicile ce jour, pour infraction à l'Arrêté Ministériel d'expulsion qui lui a été signifié le 16.12.1939 - Arrêté lui enjoignant de quitter le territoire du royaume avant le 1er janvier 1940.

du chef de la prévention de: infraction à l'Arrêté Ministériel d'expulsion, lui signifié le 16.12.1939. Cet étranger devait quitter le royaume avant le 1er janvier 1940.

Interrogatoire:
1°) Quels sont vos noms et prénoms ?
R) SCHMIDT Hugo, fils de Jacob (décédé) et (2 mots illisibles.)
2°) Où et quand êtes-vous né ?
R) à Dusseldorf, le 24 octobre 1910.
3°) Quelle est votre nationalité
R) Allemande.
4°) Quels sont les noms et prénoms (2 mots illisibles) conjoint, où et quand est-il né ?
R) WYNBERG Sara, née à Groeningen, Hollande, le 14.12.1903
5°) Quelle est votre profession ?
R) Charpentier.
6°) Quels sont vos moyens d'existence ?
R) Secours par (2mots illisibles). Bruxelles.

sur la plainte de (2)

DEVOIR REMPLI en vertu de l'apostille de Monsieur

Certifié conforme aux archives représentées le 21 janvier 1982:
ANDRE Jacques,
Commissaire-adjoint-Inspecteur de Police,

POLICE de FLÉNU
Suite au PROCÈS-VERBAL No en date du feuillet

7°) Quelle a été votre dernière résidence à l'étranger ?
(R) Amsterdam (Hollande)
8°) Quand êtes-vous entré la dernière fois en Belgique et par quel point de la frontière ?
(R) J'ai été mis à la frontière.....(Texte illisible) la police hollandaise en 1936.
9°) Quelle est votre résidence en Belgique
(R) Rue des Produits, 61 B. (inscrit aux registres des étrangers)
10°) Quelles sont les pièces officielles, papiers, etc. dont vous disposez pour légitimer votre identité ?
(R) Néant.
11°) Êtes-vous réfugié politique, donnez quelques explications ?
(R) Oui ! à cause du régime qui sévit en Allemagne, je suis anti-hitlérien.
Clos à Flénu, le 3 janvier 1940.
(sé) DUFRASNE.
A refusé de signer pour cause d'incompréhension du texte français
(sé) DUFRASNE.
Nous joignons au présent P.V. le signalement de l'intéressé.
(paraphé) D.O.

Certifié conforme aux archives représentées le 21 janvier 1982:
ANDRE Jacques,
Commissaire-adjoint-Inspecteur de Police,

Figure 7: Rapport d'interrogatoire de Hugo

Camp de Merxplas

Le 10 mai 1940, la Belgique est envahie par l'armée allemande tandis que - hasard du calendrier ? - commence le matin même l'arrestation des étrangers « nationaux ennemis », parmi lesquels de nombreux Juifs. 6.000 à 10.000 personnes vont être arrêtées. En ce 10 mai, l'établissement pénitentiaire de Merxplas compte 353 internés étrangers de sexe masculin qui forment le Centre d'Internement I. Il faut y ajouter 109 étrangers illégaux internés entre les murs du centre de défense sociale formant le Centre d'Internement II. Ils sont de nationalités très diverses et comptent dans leurs rangs 23 Juifs, originaires pour la quasi-totalité d'entre eux d'Europe centrale et orientale. Dans le même temps, le centre d'internement de Bruges-Saint-André abrite 72 femmes, parmi lesquelles environ trois-quarts sont juives, et deux nouveau-nés.

La ballade de Merxplas de Hugo Schmidt
(traduction de l'allemand) *(Archive familiale)*

A Merxplas c'est merveilleux
Mais personne ne le remarque
C'est bien volontiers que nous l'aurions évité
Mais hélas ! cela ne nous a pas été accordé
Parce qu'il n'y a rien à y changer
Nous en prenons sérieusement notre parti
Et voulons jusqu'au bout ne jamais être tristes.

Nous menons une vie libre
Une vie pleine de joie
Chacun a son vase de nuit
Et il pleut toujours ici
Jamais le soleil ne luit pour nous
La prière du matin à l'aube
Est courte et se limite à "Debout".
Avec les seaux en main
On procède à sa toilette
Ainsi chacun se lave
L'un aussi bien qu'il peut
L'autre la figure
L'Italien le nez
Le quatrième pas du tout
Pour le petit déjeuner, il y a ce que personne ne connaît
Mais qui ironiquement s'appelle "café"
Avec du pain gris à volonté
Lequel tue en nous toute libido.
Quand vous sortez du réfectoire
Il ne vous reste que le choix
Soit de reprendre le travail
Soit d'aller dehors dans le jardin humide.
Voulez-vous vous réchauffer à l'intérieur près du poêle
Alors Hugo gueule d'une voix forte
"On nettoie ici, n'entre pas"
"Toi, espèce d'emmerdeur"
Tout cela est encaissé !
Tandis que l'Arabe se gratte le derrière
Borné et béat il regarde
Lénine notre grand-père
L'ancien commandant de croiseur
Est piteusement assis sur le sable
Il n'écrit que ses Mémoires
De brave rhumatisant.

Si nous nous promenons dans la roseraie
Attendant impatiemment la liberté
Comment Janoch marche sur les mains dans le jardin
C'est toujours le même jeu bête
Cela fatigue, c'en est trop.
L'Arménien dessine tout le monde
Mais les figures ne ressemblent en aucun cas
Enfin on court autour du parterre
Chez beaucoup c'est presque de la folie
Les Espagnols chantent à en crever les oreilles
Bassera joue le comique et l'humour.
Karl fait des réussites mais n'a pas de chance
David ensuite crie comme un fou
Mais Hans n'arrive pas à le calmer
Adrian et Salomon, tous deux coiffeurs
Aiguisent à contrecœur les couteaux et les ciseaux
Presque sadiquement Eikstein
S'est mis à la sténographie - straf,
Son usage du crayon rouge est tel
Qu'il a dû vendre son dernier pantalon.
Le professeur d'allemand souffre d'un manque d'élèves
Ce qui ne l'empêche pas de jouer aux échecs et de rester en bonne santé
La seule lueur, notre consolation
C'est Monsieur Kochs avec notre courrier
D'un tel ange gardien nous sommes fiers
Il est taillé dans du bois rare
Une telle chose ne s'est pas encore passée
Il a tout lu du Dr Freud
Maintenant une réponse affectueuse
Est envoyée à nos êtres chers.

Nous voyons là, avec un tonneau
Albert et Kurti trempés jusqu'aux os
Ils occupent "les lieux" pendant des heures

Et ne craignent ni le temps ni l'odeur.
On observe bien des choses
Aux divers jeux de hasard
Il n'y a hélas qu'un jeu d'échecs.
Pierre, lui, fait le plus de bruit
Arthur, le philosophe, a des douleurs
Sacha, aux conneries, souffre du cœur
Dix fois par jour son pantalon tombe
Mais il est normal de temps en temps.
Berger Lapos fait de l'esprit jeune ou vieux
Marion soupire : "le repas est froid"
Notre Mikoseh est particulièrement gentil
On l'appelle simplement le voleur de chevaux.
Schmitz de Cologne oublie ses livres
Le marchand de charbon en gros jure comme un charretier
Weißmann crie continuellement : "gratte-papier"
Et c'est ainsi que chacun à son tour
A midi alors on mange
Mais hélas beaucoup bouffent.
Avec son bâton Raspoutine
Guette les assiettes des voisins
Avec eux il veut échanger la viande
Cependant Sacha ne se laisse pas séduire
René réclame déjà la 5ème portion
Il est la poubelle de notre légion
L'aimable Jeff au gros ventre
Est vautré sur son sac de paille comme une outre
Et bat ainsi le record de la soupe
Helmuth le beau garçon mange élégamment
Avec le couteau et la fourchette comme un gentleman
Chaque jour des pommes de terre sans fin
Si seulement on pouvait changer le menu
Mâcher la viande devient un art
A quel vieux canasson devons nous cette bidoche
Cependant nous rions et restons joyeux

Parce que d'Aldolphe nous recevons encore moins
Au lieu de verser le café dans les tasses
Il le répand sur le pantalon et les pieds
Kajanda qui veut toujours boxer
Est plus maladroit que dix ânes à la fois
L'après-midi c'est une merveille à voir;
Ici le cours d'Anglais a lieu
Il nous est alors donné par un français
Mais par contre le français nous est enseigné
Par Kurti un pur germain.

La nuit vient, le soleil se couche
A neuf heures on se met au lit
Et à peine le gardien est-il parti que
Cet endroit est changé en maison de fous.
Alors commence la partie de "cache-cache"
Sacha le fou cherche ses couvertures
Le tourbillon devient de plus en plus grand
Le chinois pue terriblement des pieds
C'est bien difficile de satisfaire tout le monde.
Schorchi n'a pas l'occasion de rire jusqu'à neuf heures et demie
L'un veut de l'eau, l'autre un médicament
Il va et vient dans le dortoir
On est tous au lit
La tristesse s'empare de nous tous.
Lentement mais sûrement tout devient calme.
Sois louée oh toi intime nuit.
En dormant on ne pense pas beaucoup
Chacun rêve, l'un bien, l'autre mal.
Plus d'un voudrait que le bien soit réalité
En rêve tout le monde trouve son bonheur
Il se retrouve libre
Quand les rêves sont à leur apogée.
Il est 6 heures et Schorchi vient nous réveiller.

Depuis le camp de Merxplas, Hugo envoie cette lettre à Sara le 8 mai.

Figure 8: Carte de fête des mères (Archive familiale)

« A ma femme aimée « S »
pour la fête des mères

Chère Salma,

j'ai bien reçu ce matin avec grand plaisir ton stylo. Chère Selma, mets-moi s'il te plaît dans la valise de l'encre. Je t'envoie mes meilleurs vœux de fête des mères 1940.

Ton mari Hugo

S'il écrit à l'occasion de la fête des mères, c'est qu'il sait que celle à qui il donne le diminutif de Selma est enceinte. Il a certainement une idée imprécise de la date de l'accouchement, mais il sait qu'elle est proche. Et s'il demande une valise, c'est qu'il sait aussi que son départ est imminent - on a demandé aux internés de se munir de quelques effets. Il n'assistera pas à la naissance de leur enfant.

Le 11 mai 1940, à 8 heures du matin, la direction de l'établissement pénitentiaire de Merxplas donne suite à la décision du ministre de la Justice et transfère l'établissement à la colonie de Ruiselede, en Flandre occidentale, près de Tielt. Au total, on retrouve 446 internés de Merxplas à Ruiselede, où les populations des Centres I et II sont désormais mêlées. 17 personnes parviennent à s'évader au cours du transfert.

Quatre jours plus tard, de nouveaux ordres arrivent à Ruiselede. Herman Bekaert, l'adjoint de l'administrateur de la Sûreté publique, ordonne par téléphone de replier l'ensemble des détenus à Tourcoing, au-delà de la frontière française. Le lendemain à l'aube, les archives sont chargées sur des camions tandis que les internés effectuent à pied le trajet de cinq à six kilomètres jusqu'à la gare de Beernem où les attend un train. La colonne est escortée par le personnel de surveillance de la colonie et par un peloton de 56 soldats, sous le commandement d'un lieutenant. Suite aux évasions qui ont émaillé le transfert de Merxplas à Ruiselede, les internés sont avertis que l'escorte a ordre d'ouvrir le feu sur toute personne qui tenterait de prendre la fuite.

L'ensemble de ce contingent est chargé dans les 22 wagons de marchandise qui forment un de ces nombreux *« trains fantômes »*[30] déportant vers les camps d'internement français les *« indésirables*[31] *»*. Les 46 employés et gardiens et les 128 membres de leur famille qui accompagnent ce convoi n'ont pas droit à un régime différent. 119e sur la liste de ces déportés, Hugo figure sous le matricule A.174.931/S.E.28116 et avec pour destination Montauban[32]. Le convoi s'ébranle à 9h10. Peu après, il s'arrête à Bruges pour embarquer un nouveau contingent. Ce sont 84 femmes qui rejoignent le train des internés de Merxplas. Peur, angoisse, aucun détenu ne connaît ni la destination ni le sort qu'on lui réserve.

La progression du convoi est extrêmement lente et la frontière française n'est franchie qu'après la tombée du jour. Le train s'arrête non pas à Tourcoing comme prévu, mais à Roubaix, puis se dirige vers Arras où attendent des vivres

---

30 L'expression « train fantôme » est utilisée dans : *La Belgique et ses démons : Mythes fondateurs et destructeurs*, Luc Beyer de Ryke ; ed. Francois-Xavier de Guibert 2011 p.36.

31 Après l'attaque allemande sur la Belgique, le gouvernement belge prend contact avec le Général Ménard - commandant la 17e région (Toulouse), et responsable des camps de Gurs, Rivesaltes, Argelès-sur-Mer, Saint-Cyprien, Agde et Septfonds - auquel il exprime son souhait de voir la France accueillir dans ses camps d'internement une partie des « contingents d'indésirables ». Groupe Archives Municipales Archivage Electronique (AMAE), série Z/Europe 1930-1940, sous-série Allemagne, dossier 791/34 p.36.

32 Archives de l'État belge, *Archief van de Strafinrichting te Merksplas.* Versement 1996B, n° 216.

destinés aux internés. Mais le train continue son chemin, sans qu'aucune nourriture ne soit chargée. Le responsable du convoi tente de s'en procurer aux gares suivantes, mais en vain. Personne ne veut donner quoi que ce soit à "l'ennemi". En effet, comme tous les trains qui quittent la Belgique en direction du Sud de la France, les flancs des wagons portent les inscriptions « 5ème colonne », « espions », « prisonniers allemands », « parachutistes », « Boches ». A chaque arrêt ce sont les mêmes injures qui se répètent.

Le convoi continue vers le sud sans que les internés n'aient rien mangé depuis leur départ, du fait de la désorganisation des Belges et du refus des Français d'y remédier. Finalement le train atteint Le Mans le 18 mai, à 6 heures du soir, près de soixante heures après avoir quitté Ruiselede. Les internés vont enfin recevoir un peu de pain et de viande.

Le lendemain, le 19, le train s'arrête à La Flèche, à 45 km au sud du Mans, pour remettre les 84 femmes aux mains du préfet et repart vers Tours. Il prend ensuite la direction de Bergerac qu'il atteint le lundi 20 mai au petit matin, soit quatre jours et quatre nuits après son départ. Le commandant de la place s'attend à ce que ce convoi lui amène 500 prisonniers de guerre allemands qu'il doit mettre au travail pour l'établissement d'une plaine d'aviation. Le contingent, qui ne correspond bien évidemment pas à ses attentes, est néanmoins emmené sur le site du chantier, sous l'escorte de gendarmes et de soldats coloniaux.

Dans ces premiers mois de guerre, la « déambulation » des convois témoigne d'une improvisation totale. Entre les bombardements des trains et des voies ferrées et l'indécision des « responsables », ces convois tentent par tous les moyens de rejoindre le Sud de la France quitte à revenir en arrière sans raisons apparentes et lâcher des internés çà et là, au gré de haltes imprévisibles. Mais, un mal pour un bien, c'est aussi sans doute ces péripéties qui permettront à certains d'échapper (parfois momentanément) aux griffes des nazis.

Le 25 mai 1940, le sous-préfet fait savoir que les ministères français de la Justice et de l'Intérieur ont décidé, en accord avec le ministère belge de la Justice, de diviser en deux le convoi. 218 internés de Merxplas sont dirigés vers Pau où ils arrivent le 31 mai. Conduits à la maison d'arrêt où les conditions de vie sont peu enviables, ils restent sous surveillance belge. Parmi eux, 63 sont recensés comme étant de nationalité allemande, et 16 autres comme apatrides d'origine allemande. Tous les étrangers transférés à Pau sont explicitement, mais à des titres divers, considérés par les autorités belges comme indésirables. Quelques-uns d'entre eux ont des antécédents judiciaires, tandis que les autres sont enregistrés comme communistes, anarchistes, déserteurs, suspects ou vagabonds.

Les 218 hommes du second groupe, dont Hugo fait partie, sont emmenés à Angoulême où, descendus des wagons à bestiaux, ils partent pour la prison ou un des camps qui entourent la ville.

En plus de sa prison, Angoulême possède deux camps d'internement : le Camp des Alliers, qui après avoir détenu des Espagnols deviendra un camp de concentration réservé aux gens du voyage ; Saint-Loup-sur-Thouet, lui aussi destiné aux Espagnols. C'est d'Angoulême que le 24 août 1940 partira le premier convoi de déportés - tous Républicains espagnols - en direction de Mauthausen.

A Angoulême, et toujours sous contrôle de la justice belge, les hommes sont « triés » et 67 dont Hugo vont partir pour Montauban. 38 sont Allemands. Sur la liste des détenus d'Angoulême, tous ont un numéro d'immatriculation mais ceux destinés à Montauban portent la mention S.E. (?) à l'exception de 2 d'entre eux. Il faut noter qu'un de ceux qui ne partiront pas pour Montauban porte néanmoins cette mention[33].

Le 20 juin, Hugo et ses camarades quittent Angoulême pour être temporairement incarcérés à Montauban. Il y est retenu 5 jours à la Maison d'Arrêt comme « passager », matricule 821, sous le nom de Hugo « *Smidt* ». Des négociations concernant le département du Tarn-et-Garonne sont menées entre des autorités françaises et le haut-commissaire belge. Les deux parties arrivent à un accord. Le 11 juillet 1940, le ministre belge ordonne la libération de tous les internés. Le personnel pénitentiaire belge est autorisé à rentrer

[33] Source idem note 27.

en Belgique mais la Sûreté française reprend les 67 internés de Montauban, qui sont à nouveau déplacés. Ils quittent leur lieu de détention sans savoir qu'ils partent pour le camp de Saint-Cyprien, à 12 km au sud-est de Perpignan, camp de sinistre mémoire qui depuis la « Retirada »[34] a déjà vu de nombreux morts.

Après avoir descendu la plaine du Roussillon, le train s'arrête en gare de Elne, terminus du voyage. Des camions attendent. Epuisés, souvent terrifiés, les détenus quittent les wagons dans la plus grande confusion. Toujours sous bonne garde, ils montent à bord des véhicules qui, patinant dans le sable, mettront un temps infini à atteindre le camp. Nous sommes le 25 juin 1940, moment où la convention d'armistice entre le Reich et le régime de Vichy permet la surveillance par la commission d'armistice allemande de Wiesbaden (Waffenstillstandskommission, WWAKO) des internés des camps du sud de la France.

Plus tard, dans sa première lettre à Sara, Hugo témoignera des traitements réservés à ces « étranges voyageurs » : « [...] *Ce que j'ai vu ou que nous avons vécu lors du voyage depuis la Belgique ainsi que notre traitement d'une prison à une autre jusqu'à ce que nous atterrissions enfin ici, nous ne l'oublierons jamais.* »

---

34 Nom signifiant « retraite » donné à l'exode des réfugiés de la guerre civile espagnole. À partir de février 1939, ce sont plus de 450 000 républicains qui franchissent la frontière franco-espagnole à la suite de la chute de la Seconde République espagnole et de la victoire du général Franco.

Dans les camps :

Saint-Cyprien

Quand le convoi de Hugo arrive enfin au camp de Saint-Cyprien, les conditions de détention y sont terribles mais se sont néanmoins « améliorées » par rapport aux premiers jours de février 1939 où le camp n'était constitué que d'une ceinture de barbelés sur la plage battue par le froid et la neige. Depuis, des baraquements de fortune ont été construits par les internés eux-mêmes ; ils sont faits de planches de bois retenues par du papier goudronné. Pas de plancher, et des bottes de paille en guise de lits. Le sable s'insinue partout. Très vite sont apparus les poux, les punaises et les maladies qui vont avec. Un peu d'aspirine pour tout médicament. Choléra et typhus vont faire plusieurs centaines de morts. Au cours de l'été 40, une épouvantable épidémie de typhoïde éclate, faisant de nombreux morts. Les nuits sont terribles : cris, gémissements, cauchemars.

Le rabbin Leo Ansbacher, allemand et déporté de Belgique, lui aussi interné à Saint-Cyprien, témoigne ainsi de sa découverte du camp : « *7.500 réfugiés chassés de Belgique accusés d'être des espions, des membres de la 5e colonne, épuisés, arrivèrent au camp près de Perpignan. Accueillis par la population locale aux cris de « Mort aux espions allemands ». Les conditions de vie dans ce camp situé au bord de la Méditerranée étaient dé-*

plorables. Les baraques de bois construites sur le sable étaient regroupées en îlots de 25 unités, chaque îlot séparé par des barbelés. Le sable pénétrait partout, l'eau manquait, le typhus et la dysenterie firent leur apparition, les malades évacués sur un hôpital digne du Moyen-Âge étaient 200 au mois d'août. La mortalité dans le camp est élevée. »[35]

En juin 1940, Saint-Cyprien est un des camps les plus peuplés du Sud de la France, 90.000 internés auraient transité par le camp, chiffre à considérer avec précaution tant il est élevé. Aux premiers occupants, Espagnols et Brigadistes internationaux, sont venus s'ajouter les déportés de Belgique, des Allemands aryens ou juifs, Juifs apatrides, Autrichiens, Polonais, Hongrois, Tchèques, Tziganes, Italiens, Belges, Hollandais, ... – *« en surnombre dans l'économie nationale, indésirables dans leur pays »* ou pour « *espionnage en faveur du Reich »*[36].

Le camp est composé de 364 baraquements répartis sur treize îlots séparés les uns des autres par une rangée de barbelés. Chaque îlot mesure

---

35 Témoignage rapporté par le rabbin René Kappel dans *Un rabbin dans la tourmente*, René Kappel, CDJC, 1986.

36 Le décret-loi du 12 novembre 1938 de Daladier prévoit l'internement des « *étrangers indésirables* ». Il est élargi par la loi du 18 novembre 1939 qui permet l'internement « *de tout individu, français ou étranger, considéré comme dangereux pour la défense nationale ou la sécurité publique* ». Cet arsenal juridique autorise le pouvoir administratif à priver successivement de liberté des étrangers « *en surnombre dans l'économie nationale »*, des républicains espagnols, des communistes et des antifascistes, des Juifs, des Tziganes.

environ cent mètres sur soixante-dix et comporte 28 baraques hébergeant chacune 75 hommes.

Figure 9: Saint-Cyprien,
dessin de Karl Schwesig[37] (d.r.)

La première lettre de Hugo du 7 octobre 1940 expédiée du camp de Saint-Cyprien témoigne qu'il

[37] Peintre allemand, Karl Schwesig (1898 - 1955) est emprisonné pendant dix-sept mois en Allemagne. Après sa libération en 1935, il s'enfuit en Belgique où il produit des caricatures des dirigeants du Parti national-socialiste et des affiches en soutien aux combattants de la guerre civile espagnole. Après l'invasion de la Belgique par les Allemands en mai 1940, il est d'abord déporté à Saint-Cyprien avant de connaître trois autres camps français et enfin la prison de Düsseldorf où il sera libéré par les Alliés en 1945.

a été informé de la naissance de sa fille par un courrier reçu trois semaines plus tôt. Lettre d'un homme aimant et heureux malgré sa privation de liberté et ses conditions de détention. *St-Cyprien le 7/10/40*

Ma chère Salma,

[...] *D'abord je voudrais te féliciter pour ton bonheur de mère et te demander d'être toujours une bonne mère pour elle car elle ne verra pas son père d'aussitôt. De plus, j'ai été content des photos de toi et de la petite car je n'avais plus de photo de toi. [...]*[38]

« [...] *Le ravitaillement que nous recevons est le suivant : pour 4 hommes 1 pain par jour, 2 fois ½ litre de soupe claire et seulement ½ litre de vin. Il y a aussi des fruits et du raisin. Nous consommons le vin et les fruits en raison du climat et plus il y a de vin et meilleur c'est.* [...][39]

La commission Kundt

Après la capitulation de la France, des commissions allemandes visitent rapidement les camps en zone sud non occupée, dite « libre », où des Allemands sont détenus, opposants ou collaborateurs du régime nazi. Ils ont des listes précises de leurs hommes, ceux de la « cinquième colonne » d'une part, mais d'autre part des exilés politiques. La commission est composée d'environ 8 hommes. *« Ils firent défiler devant eux, en l'espace de trois heures, à*

[38] Archive familiale.
[39] Idem note 38.

peu près mille cinq cents personnes.[40] » Les accords d'armistice prévoient en effet que le gouvernement français livre sur demande les ressortissants allemands aux autorités d'occupation.

Les 12 et 13 août 40, la Commission Kundt, vient inspecter le camp de Saint-Cyprien. Cette Commission, présidée par le docteur Ernst Kundt, haut fonctionnaire du ministère allemand des Affaires étrangères, membre de la commission d'armistice de Wiesbaden, est une commission mixte composée d'Allemands et de Français. Sa mission consiste à vérifier les conditions d'internement dans les prisons et les camps français : *« Tous les prisonniers de guerre et prisonniers civils allemands, y compris les prévenus et condamnés qui ont été arrêtés et condamnés pour des actes commis en faveur du Reich allemand, doivent être remis aux troupes allemandes*[41] ». Elle a aussi pour tâche d'identifier tous les Allemands et Alsaciens-Lorrains internés et de faciliter le rapatriement de ceux qui en feraient la demande. Après sa visite du camp de Saint-Cyprien, elle indique en termes laconiques : « *Nombre des internés : 2595 Allemands du Reich dont 296 Aryens*[42] ».

---

[40] Témoignage de Heinz Pollak rapporté par sa fille. Source : http://jewishtraces.org/nous-etions-indesirables-en-france-1940-camp-dinternement-de-saint-cyprien-et-bordeaux/

[41] Article 19 du texte de l'armistice signé à Rethondes le 22 juin 1940.

[42] In : http://auschwitzstudygroup.com/, Saint Cyprien, A Testimony.

Un détenu rapporte ces propos d'un membre de la Gestapo : « *Nous vous connaissons tous, y compris ceux qui se sont cachés. Nous les attraperons le moment venu, comme vous tous, du reste.*[43] »

Pour Hugo, comme pour ses camarades, peur d'être identifié, peur d'être transféré en Allemagne contre son gré, peur du sort que les nazis lui réservent.

Hugo, qui passera à travers les mailles du filet, n'est pas réclamé par la Commission Kundt qui sans doute n'était pas encore informée qu'il était recherché. En effet, la note de la Gestapo de Düsseldorf affirmant que « *Hugo Schmidt, enregistré dans le registre des individus recherchés, serait susceptible d'être dans un camp d'internement dans le sud de la France* », sans savoir précisément dans quel camp, est datée du 5 décembre 40, date à laquelle la Commission a déjà passé au peigne fin les camps d'internement.

Du 27 juillet au 29 août 1940, la Commission Kundt se rend ainsi dans plus de 90 lieux d'internement et se fait remettre, sur instruction de Vichy, les listes nominatives de tous les internés allemands et autrichiens.

« Les Allemands paraissaient avoir une liste d'individus qu'ils soupçonnaient d'avoir travaillé contre eux et qu'ils ont sans doute l'intention de se faire livrer confor-

---

[43] Témoignage de Heinz Pollak, idem note 35.

mément aux clauses de l'Armistice. La Gestapo[44] *recherchait visiblement certains hommes politiques des partis social-démocrate et communiste, qu'elle paraissait très désappointée de n'avoir pas trouvés dans les camps de prestataires* (sic). »[45]

Kundt demande alors aux autorités françaises le droit d'inspecter les Compagnies de Travailleurs Etrangers tenues jusque-là à l'écart des investigations de la Commission, lui permettant ainsi d'interroger environ 32.000 internés. Kundt obtient le rapatriement de 800 Allemands, dont beaucoup d'anciens brigadistes, et le transfert de Juifs et d'antifascistes dont le sort est désormais scellé. Comme le notent Paxton et Marrus, « *les fonctionnaires [se sont] habitués à rassembler de vastes troupeaux d'étrangers misérables parmi lesquels les Juifs étaient l'élément dominant*[46] ».

Dès l'été 40, l'administration française s'est accoutumée à livrer des personnes provenant de camps de réfugiés. Dans un rapport du 1er novembre 1940, Kundt note : « *Le gouvernement français nous est reconnaissant pour chaque homme que nous lui enlevons*[47] ».

---

[44] Ces agents de la Gestapo étaient présentés comme « fonctionnaires du Ministère de l'Intérieur ».
[45] Source : Archives Nationales AJ/41/507.
[46] Source : *Vichy et les juifs*, Michael Marrus et Robert Paxton, Calmann-Lévy 1981.
[47] Idem note 46.

Figure 10: Felix Nussbaum Saint-Cyprien/ (18 juin 1942) Osnabrück, Felix-Nussbaum[48] Haus

Plus tard, le 3 avril 1941, le directeur de la Sûreté Nationale écrira à l'amiral Darlan l'informant que les rapatriements continuent. Il souligne à quel point il peut être bénéfique de renvoyer en Allemagne tous les « *agitateurs* » dont il lui paraît

[48] Peintre allemand (1904 - 1944). À l'avènement du nazisme, en 1933, il se réfugie d'abord en Italie avant de gagner Ostende et Bruxelles où lui et sa femme sont arrêtés au début de la guerre et transférés au camp de Saint-Cyprien. Ils parviennent à s'évader et retournent à Bruxelles où ils réussissent à vivre cachés pendant presque quatre années. Après dénonciation par un voisin, le couple est arrêté le 20 juin 1944 et emmené le 31 juillet 1944 dans le dernier convoi pour Auschwitz depuis la Belgique et y disparaît comme pratiquement tout le reste de sa famille qui s'était réfugiée en Hollande. La date précise de sa mort reste inconnue.

« *indiscutablement avantageux de débarrasser le sol français*[49] ».

Après le chaos de la défaite, un semblant d'organisation est mis en place par les internés eux-mêmes car les autorités françaises sont dramatiquement débordées. Les conditions de détention dans les camps restent encore extrêmement précaires.

Quand le CICR pourra visiter Saint-Cyprien, son rapport daté de décembre 1940 dénonce les conditions de détention :

« *La visite des internés civils a laissé aux délégués du CICR une impression très pénible sur les conditions d'internement ; [...] après discussions avec les autorités françaises et les autorités du camp, les délégués ont pu comprendre que le nombre énorme des internés expliquait en grande partie les mauvaises conditions dans lesquelles se trouvaient tous ces internés. En effet, de Belgique ont été envoyés en France 13.500 internés civils allemands, 7.500 seulement sont arrivés, les autres ayant été repris en route lors de l'avance des troupes allemandes. Sur 7.500 internés arrivés au camp de Saint-Cyprien, environ 1.000 étaient des « Reichsdeutsche ». Les délégués du CICR ont mis les internés civils au courant de la situation et leur ont demandé de patienter jusqu'à leur rapatriement.* »[50]

---

[49] Source : *Les camps de la honte : Les internés juifs des camps français (1939-1944)*, Anne Grynberg, La Découverte 1991.
[50] Rapport du docteur Junod, délégué du CICR sur les visites des camps en France du 17 au 25 juin 1940, 5 juillet 1940, AN F9 5578.

Longtemps les internés restent sans informations de l'extérieur, sans nouvelles de leurs proches, sans courrier. En septembre 1940, la Croix-Rouge belge commence de son côté à recevoir un courrier relativement important de Saint-Cyprien. Elle échange également de la correspondance avec des proches de détenus, restés en Belgique, pour leur expliquer qu'il n'est pas possible d'envoyer des colis à destination de ce camp.

Une lettre du 14 octobre 1940 écrite par Hugo pour Sara, conservée dans les archives de leur fille aînée, témoigne qu'à cette date ils avaient renoué le contact.

St-Cyprien le 7/10/40

Ma chère Salma,

j'ai reçu hier avec grande joie ta longue lettre inespérée avec 2 photos du 12/9. Après les innombrables lettres que j'ai écrites, il manque encore un signe de vie du Commissaire de Flénu. Jour après jour j'ai espéré et jamais perdu espoir.

[...]

Je suis ici dans un camp à la frontière espagnole, sur la rive de la Méditerranée. Le jour grosse chaleur, et très froid la nuit. Et nous avons faim du matin au soir. [...] Sur le plan santé ça va plutôt bien. Pitt n'est pas avec moi mais nous ne sommes pas très loin l'un de l'autre, seulement 7 km. Pitt vit très mal, je l'aide avec toutes mes forces. Il a été très surpris que je le retrouve. J'ai aussi retrouvé le petit Jean. L'ami Kurt (s'agit-il de Kurt Spiero ?) *est mort ici du typhus et nous avons tous été vaccinés 3 fois. Mais pour nous, chère Salma, pas de raison de se plaindre. Donne le bonjour à tous et dis-leur que je vais bien depuis la pagaille de Jemappes. Seulement j'aimerais bien aussi savoir ce que fait ma mère, où elle est car mes affaires se trouvent chez elle.*

As-tu fait des photos avec ton appareil ? Ne te fais pas de soucis pour moi car, d'une part Jaanek (Jaanek Podeswa ?) *est avec moi et d'autre part il n'y a pas de possibilité de logement pour toi. Le 15/10/40 nous allons quitter ce camp et vraisemblablement aller à Gurs, où Pitt a été un temps.*

Maintenant, chère Salma, fais bien attention : écris une lettre à la Croix Rouge de Bruxelles et demande les renseignements suivants : peux-tu me faire un paquet avec du café et comment me l'envoyer ? Quand tu auras les renseignements je te donnerai ma nouvelle adresse et tu pourras m'envoyer les choses suivantes : un pantalon noir ou 1 ou 2 caleçons longs, un cache-col en laine, brosse à dents, dentifrice, savon, crème à raser, fil à coudre et mon briquet qui se trouve dans la veste de mon bon costume. Tu peux aussi ajouter du tabac. Concernant l'argent si tu peux en envoyer, faut se renseigner.

[...]

Encore une fois, ce que tu peux m'envoyer, ne le fais pas avant d'avoir ma nouvelle adresse que je t'enverrai dès que je l'aurai. Et espérons que nous pourrons garder le contact.[51] (traduction de l'allemand)

---

[51] Archive familiale.

C'est la seule lettre écrite depuis le camp de Saint-Cyprien que sa fille Gertrud ait retrouvée plus tard. Elle témoigne que Hugo n'a rien perdu de sa vitalité. Par « chance », il fait partie de ceux qui, dans les pires adversités, gardent espoir, résistent.

Mais sans doute est-il rapidement inquiet d'être sans nouvelles de Sara, car le 11 octobre de cette année 40, 5 jours après avoir écrit cette lettre, il s'adresse à la Croix Rouge Internationale dont le service de recherche fonctionne, mais encore difficilement, dans les camps d'internement.

Au cours de la troisième semaine d'octobre 1940, entre le 16 et le 24, un dramatique événement se produit dans le département des Pyrénées-Orientales : un *aiguat*, mot catalan désignant un déluge de pluies d'automne et la brutale crue qui l'accompagne. Il tombe un mètre d'eau en 24 heures. La rupture d'une retenue d'eau conjuguée à une marée exceptionnellement haute dévaste la plaine de Perpignan et ses plages, détruisant les rares installations du camp.

Après quelques réparations de fortune, le préfet des Pyrénées-Orientales décide le 24 octobre de transférer tous les internés de Saint-Cyprien vers d'autres camps, à commencer par celui de Gurs. L'opération débute le jour même. A partir du 25 octobre, 3.869 hommes sont déplacés au camp de Gurs. Hugo et Paolo (Paolo Balli qu'il avait côtoyé en Espagne et combattant lui aussi dans la 12e brigade internationale) font partie de ceux qu'on nomme désormais les « Cypriennais de Gurs ». A cette date, Gurs compte plus de 12.000 internés.

Le 19 décembre 1940, le camp de Saint-Cyprien est définitivement fermé. Néanmoins, la lettre de Hugo à Sara du 7 octobre laisse penser qu'un transfert avait été envisagé un peu plus tôt puisqu'il avait écrit : *« Le 15/10/40 nous allons quitter ce camp et vraisemblablement aller à Gurs, où Pitt a été un temps. »*

Le camp de Gurs

Au cœur du Béarn, à une quinzaine de kilomètres au nord-ouest d'Oloron, peu après le village de Gurs (Basses-Pyrénées), se trouvaient jusqu'en 1938 de vastes landes incultes. A partir du printemps 39, le gouvernement crée à cet endroit un camp pour y concentrer des milliers de combattants d'Espagne dont beaucoup rejoindront plus tard la Résistance française. La garde y est d'abord assurée par l'armée puis, après le 23 juin 1940, par des hommes du pays, embauchés pour l'occasion, encadrés par des sous-officiers sans emploi, supervisés par la police et sous les ordres du directeur du camp.

Ceux de St Cyprien (3.870 hommes) qui arrivent à Gurs trouvent un camp submergé par un afflux d'internés inimaginable. En deux jours, les 24 et 25 octobre, la population du camp passe de 3.000 à plus de 12.000. Fin 40, après l'arrivée des Cypriennais, on y trouve pêle-mêle Républicains espagnols, brigadistes internationaux, Juifs, Allemands ou apatrides, et une multitude de nationalités. De nombreux Juifs allemands du Palatinat, du Pays de Bade et de Lorraine viennent d'y être déportés[52] - le IIIe Reich aryanise l'Ouest de l'Allemagne. Louis Lecoin[53], un interné, décrit ainsi l'arrivée de ceux qu'on nomme « les Badois » : *« un défilé ininterrompu de femmes et d'hommes de tous âges, d'enfants de toutes tailles, ployant sous les balluchons, trébuchant, s'effondrant dans la boue. En flancs-gardes, des gendarmes et gardes mobiles gueulant... cravachant à tour de bras ceux, notamment, qui s'affaissaient. Et la pluie dégoulinait, noyant les larmes des gosses »*[54].

---

52 Cette déportation devait être le premier volet du « plan Madagascar » qui visait, selon Franz Rademacher, chargé des affaires juives au ministère des Affaires étrangères de Ribbentrop, à faire de cette île un vaste "ghetto" pour les Juifs.

53 Louis Lecoin (1888-1971). Jeune appelé en 1910, il refusa de participer, avec son régiment, à la répression d'une grève de cheminots. Il écopa d'une première condamnation de 6 mois de prison. Pacifiste et antimilitariste, il défendit toute sa vie l'objection de conscience et fut condamné de nombreuses fois pour ses combats. Homme libre et réfractaire, il a passé douze longues années dans les prisons françaises. En septembre 1939, Louis Lecoin rédigea et distribua à 100.000 exemplaires un tract intitulé « Paix immédiate » qui lui vaut d'être emprisonné jusqu'en 1943. Après la guerre, il continua ses combats. Il créa le *Comité de patronage et de secours aux objecteurs de conscience* (CPSOC), mèna une grève de la faim à 74 ans et finit par son seul courage à faire plier le général de Gaulle lui-même, arrachant à force d'acharnement, contre l'armée et les tenants d'un patriotisme primaire, le statut d'objecteur de conscience. En 1964, son nom fut proposé pour le Prix Nobel de la paix mais il demanda son retrait espérant ainsi laisser plus de chances à Martin Luther King. Homme bienveillant, courageux et d'une tolérance infinie, il s'est battu jusqu'à la fin de sa vie pour « *l'extinction des guerres* ».

54 *De prison en prison,* Louis Lecoin - édité par l'auteur 1946, p. 201.

Gurs, comme Saint-Cyprien, fut à l'origine un centre appelé pudiquement « d'hébergement » pour les réfugiés de la Guerre d'Espagne avant d'être un centre de détention, d'internement administratif et de transit du régime vichyste. Jusqu'à la fin du mois de mai 1940, au moment de l'internement des « indésirables » allemands venus de la région parisienne, le camp de Saint-Cyprien avait été spécialisé dans l'enfermement des hommes, et le camp de Gurs dans celui des femmes (à l'été 39, 13.000 femmes antifascistes et enfants, représentant 53 nations, sont arrivés à Gurs). Ces deux camps avaient donc été, tout au long de l'été, en quelque sorte, des camps jumcaux, à l'intérieur desquels était consigné le même type d'internés administratifs.

Devenu rapidement trop petit, le camp de Gurs est agrandi ; on baptise le nouveau quartier « quartier nègre ». Gurs fut un des plus vastes camps de « concentration » que la France ait connus à cette époque : 2 kilomètres de long sur 500 mètres de large. Il se composait de 13 îlots, dénommés chacun par une lettre de l'alphabet, de A à M. Chaque îlot comprenait 25 baraques environ (au total, 325). Les baraques d'internement étaient en bois ; elles mesuraient 30 mètres sur 6 ; lorsqu'elles étaient pleines, elles pouvaient recevoir 60 personnes. Ni tables ni châlits. Hugo est affecté à l'îlot I, baraque 60.

Fin août 40, la venue de la Commission Kundt avait déclenché à Gurs comme dans les autres camps du sud de la France une réelle frayeur parmi les militants politiques allemands et autrichiens internés. Ceux qui se sentaient particulièrement menacés avaient été autorisés à quitter le camp pour quelques heures afin de se cacher dans la campagne environnante, le temps de la visite de la Commission. Le directeur du camp leur avait accordé une permission de sortie. A l'annonce de la première visite de la Commission, le commandant Davergne, directeur de Gurs, avait décidé de brûler sans exception et sans tri toutes les archives du camp antérieures à cette date, *« à la grande joie des Espagnols et des femmes allemandes qui apportaient les documents que nous jetions dans le feu »*, témoigna, auprès de Claude Laharie[55], l'officier qui procéda à l'incinération des documents.

Rien de tel dans les autres camps, malgré la présence nombreuse d'internés politiques. Le ministre de l'Intérieur de Vichy télégraphie même des instructions précises à la direction du camp du Vernet spécifiant qu'il faut appliquer à la lettre l'article 19 de la convention d'armistice. Cet article stipule que « *tous les prisonniers de guerre et civils allemands [...] doivent être remis sans délai aux troupes allemandes* » si les autorités du Reich les réclament. Tous les internés allemands et autrichiens de ce camp, à l'exception de quatre d'entre eux, sont

[55] Deux ouvrages sur Gurs : *Le Camp de Gurs 1939-1945, Un aspect méconnu de l'histoire du Béarn*, Claude Laharie, Infocompo (Pau), 1985 ; *Vivre à Gurs. Un camp de concentration français 1940-1941*, Hanna Schramm et Barbara Vormeier, Maspéro, 1979.

donc amenés devant la Commission Kundt à laquelle les responsables des camps remettent des listes nominatives. Soigneusement lues et vérifiées, celles-ci permettent à la Gestapo de localiser avec précision les émigrés les plus actifs.

Le 5 décembre 1940 - à cette date Hugo est interné au camp de Gurs depuis un peu plus d'un mois -, la Gestapo, toujours efficace, écrit : « *Il serait susceptible d'être dans un camp d'internement dans le sud de la France. H.S. est enregistré dans le registre des individus recherchés par le Procureur de Hamm* ».

A son arrivée à Gurs, Hugo avait 200 francs français en poche (somme équivalente au salaire moyen hebdomadaire d'un ouvrier qualifié pour 48 heures travaillées[56]). Il manifeste le désir d'être affecté comme ouvrier agricole, ce qui ne se réalisera pas. 6 mois après, il rédige cette lettre à l'attention de Sara, la seule restée dans les archives familiales :

Gurs, le 18.4.1941

Chère épouse et chère enfant,

Le 16.4, j'ai reçu une feuille avec 25 mots et 3 petites photos. Puis j'ai reçu encore une lettre avec une grande photo de toi et de ton enfant. Ne plus envoyer de photos car celles-ci reviennent cher « à la longue » et tu as besoin d'argent pour vivre.

---

56 Source : Estimation de séries homogènes portant sur le salaire ouvrier et le salaire moyen sur longue période (1900-1998), DEA Analyse et Politiques Économiques École des Hautes Études en Sciences Sociales, Dorothée Rouzet, sous la direction de Thomas Picketty.

De plus, j'ai reçu une lettre de toi le 16.4. Mais j'ai dû la refuser car il fallait payer avec 5 Fr de timbres-pénalité car tu n'as pas utilisé un timbre de 1,75 Fr. Presque pour chaque lettre que j'ai reçue j'ai dû payer jusqu'à 5 Fr et, finalement, je ne suis pas assez riche pour pouvoir payer continuellement.

[…] *Concernant la question de Hollande, personnellement, je ne peux que te conseiller de rejoindre tes parents si c'est possible. Je pense que ce serait mieux et tu ne serais ainsi plus seule aussi car je crois que ça va durer encore longtemps avant que nous soyons à nouveau ensemble.*

Maintenant en ce qui concerne ma Mère. Bien entendu, je suis content d'apprendre qu'elle va bien sur le plan de sa santé. Toutefois, je ne comprends pas pourquoi je ne reçois pas de courrier d'elle puisque je lui ai écrit très souvent. As-tu son adresse ? Si oui, indique-la moi le plus rapidement possible sur un papier de 25 mots.

Quand tu iras en Hollande fais-moi parvenir l'adresse de tes parents.

De moi-même, je ne peux que te dire que tout va bien et j'espère qu'il en est de même aussi pour toi et pour la petite.

C'est tout pour aujourd'hui et je t'envoie des salutations et des baisers.

Hugo[57] (traduction de l'allemand)

Ni plainte ni lamentation. C'est une lettre qui témoigne de la clairvoyance de son auteur, cons-

---

57 Archive familiale.

cient de sa condition et des difficultés qu'il traverse. Juste une surprise : pas l'ombre de l'humour qui affleurait jusque-là. Mais les conditions de détention sont telles ! Un rapport de la commission d'hygiène du Comité de coordination pour l'assistance dans les camps - comité dit de Nîmes - daté du 31 octobre 1941 constate : *« En tenant compte des conditions d'existence des internés, de l'absence d'une vie familiale normale, de la proximité des sexes, des mesures de contrainte personnelle qui vont trop souvent à l'encontre du but poursuivi, tant par sa persistance que par son caractère, de la durée de l'internement qui pour certains dépasse 3 ans, de la mutation répétée d'une partie de cette population d'un camp à l'autre, du déracinement successif dont de très nombreux internés ont été l'objet, du déclassement social souvent brutal, on doit convenir que la résistance morale de cette population s'est maintenue d'une manière inattendue. »* Mais à propos des « internés civils étrangers, surtout les plus âgés » le rapport ajoute quelques pages plus loin : « *les malades mentaux s'avèrent nombreux* ».[58] Des gens déracinés qui sans aucun doute souffrent de situations arbitraires et incertaines qui leur sont imposées, victimes d'une détresse psychique née du déplacement brutal dont ils sont victimes.

Ici comme dans la plupart des camps du Sud de la France, les conditions matérielles et psychologiques sont effroyables : promiscuité, malnutrition (la ration alimentaire est de 1.000–1.100 ca-

[58] Archives départementales du Rhône.

lories par jour[59]), saleté, manque d'eau potable (Paolo Balli rapporte dans sa biographie que des puits sont ou ont été creusés clandestinement dans les baraques), humiliations, maltraitance et angoisse du lendemain. En plus, les hivers qui se succèdent sont particulièrement froids. Ce n'est pas encore l'enfer, mais les portes sont déjà grandes ouvertes.

Jean Calmus, médecin auxiliaire au camp de Gurs, raconte : *« J'ai séjourné au camp de Gurs d'août 1940 à juin 1941. J'avais 23 ans. Autour du camp, il y avait des barbelés mais ils n'étaient pas électrifiés. L'hygiène était lamentable. Beaucoup de boue ! Quel chemin pour aller aux latrines ! Quand on pense qu'il y avait des juifs du Bade-Wurtemberg âgés de plus de 80 ans ! Il y eut donc de nombreux morts dans l'hiver 40-41. Les cadavres étaient transportés par des camions qui, non désinfectés, ramenaient de la viande pour la nourriture. Il en résultait des épidémies (dysenterie notamment). Il y avait peu de médicaments. J'avais demandé à un médecin de passage de m'en procurer.*

Des camions conduits par des Espagnols transportaient des malades (ou prétendus tels) à l'hôpital de Pau. Je les accompagnais. Parfois, et même souvent, on s'arrêtait pour satisfaire des besoins. On attendait un quart d'heure. Puis rien ! On ne recherchait pas les évadés. Au retour, certains officiers étaient mécontents, mais d'autres ne disaient rien. Aucune sanction. Il y avait des fuites. On a

---

59 Rapport de la Commission d'hygiène du Comité de coordination pour l'Assistance dans les camps présenté le 1er juillet 1942, reproduit dans Serge Klarsfeld, *Recueil de documents des archives du CICR sur le sort des Juifs de France internés et déportés*, Paris 1999, p.436, 474.

parfois reçu des cartes d'évadés qui étaient à Marseille, partant pour l'Afrique du Nord.

Parmi le personnel, il y avait des salauds. M. G., les lieutenants B. et P. que j'ai vus faire des passages à tabac dans une baraque. Il y avait du personnel très humain : le Dr Laclau, le Commandant Cheippe, les lieutenants Ledeux, Veith, Milat, des policiers comme Hess-Antz dont l'épouse était israélite... Au moment des départs en convoi, ceux qui partaient chantaient « Ce n'est qu'un au revoir mes frères », puis le chant était repris dans tout le camp et dans toutes les langues ».[60]

Dans ces conditions, l'idée d'évasion est attirante, mais beaucoup de tentatives s'avèrent vouées à l'échec. Les fugitifs se trouvant en terrain inconnu sont rapidement repris. Les rapports de gendarmerie constatent l'échec d'une tentative sur deux. Et pour parer à la multiplication des évasions, il est demandé à chacun de s'engager à respecter le règlement du camp.

Internés eux-mêmes, des médecins et des infirmières tentent de lutter. Mais le manque de moyens est tragique. Le docteur Max Ludwig, responsable de l'hôpital des femmes : *« L'absence de tout local qui aurait permis la mise en quarantaine, l'incroyable saleté... le manque de désinfectant, de médica-*

---

60 Source : http://gurs.free.fr/calmus.htm - Témoignage du Dr Jean Calmus.

ments, et bien sûr d'une nourriture adaptée, anéantirent tous les efforts »[61].

EXTRAIT

du règlement des hébergés du Camp de GURS

TENTATIVE D'EVASION. — Toute tentative d'évasion sera immédiatement punie de prison pour une durée à fixer, selon les circonstances, par le Commandant du centre. Il en sera rendu compte au Préfet.

La peine sera doublée à la deuxième tentative et en cas de nouvelle récidive, l'hébergé sera dirigé sur le camp répressif du VERNET.

UEBERSETZUNG

FLUCHTVERSUCH. — Jeder Fluchtversuch wird mit einer Gefängnisstrafe bestraft, deren Dauer durch den Zentrumsdirektor festgesetzt wird. Der Präfekt wird davon in Kenntnis gesetzt.

Beim zweiten Fluchtversuch wird die Strafe verdoppelt, und falls ein neuer Fluchtversuch gemacht wird, wird der Beherbergte in das Straflager von LE VERNET überführt.

Le soussigné ______________________

déclare avoir pris connaissance du texte ci-dessus.

Camp de Gurs, le ______________

Figure 11: Le règlement du camp de Gurs

[61] Source : *Les camps de la honte : Les internés juifs des camps français (1939-1944)*, Anne Grynberg, La Découverte 1991.

A partir de l'été 1941, avec notamment l'arrivée des secours des organisations caritatives, les médecins seront moins démunis. Mais le groupe des Badois, qui compte beaucoup de personnes âgées – la doyenne a 99 ans –, a payé un lourd tribut à la mortalité : 820 d'entre eux reposent au cimetière de Gurs.

De mars 1939 à la Libération, 1.187 personnes sont décédées au camp de Gurs. Au début de l'année 41, 25 mouraient chaque jour dont une majorité de Juifs.

Malgré les conditions de détention, les internés luttent pour conserver le moral ; le camp de Gurs connaît une activité culturelle et artistique intense. De nombreux artistes, venus de toute l'Europe, y sont détenus. Compositeurs, musiciens-interprètes, peintres, architectes, poètes de toutes nationalités, se mettent au travail. Cours, conférences, expositions, concerts, chorales d'adultes et d'enfants[62], spectacles foisonnent - « *Ainsi, à l'occasion de la visite du camp par une délégation de la Croix-Rouge française, il nous fut possible de préparer une exposition qui surprit même la Direction du Camp* », écrit Paolo Balli, un ancien des Brigades. (traduction de l'italien)

---

62 Ces chorales avaient, avant tout, pour but de permettre à certains parents de voir leurs enfants dont ils étaient séparés.

Les Organisations humanitaires

Les organisations caritatives sont rapidement présentes à Gurs, regroupées dans le comité fédératif de coordination, dit comité de Nîmes, fondé le 20 novembre 1940. Y sont très vite représentées 2 organisations protestantes : la Cimade (Comité Inter-Mouvements Auprès des Evacués) dès juin 40, initiée par Madeleine Barot[63], figure marquante de ce que l'on appelle la « Résistance humanitaire », et l'Aumônerie des protestants étrangers réfugiés et internés en France, dirigée par le Pasteur Pierre-Charles Toureille[64]. Ils sont rapidement rejoints

---

[63] Madeleine Barot, protestante et proche du pasteur Marc Boegner, est nommée secrétaire générale de la Cimade le 15 août 1940, au cours d'une réunion des responsables des mouvements protestants de jeunesse. Avec Willem Visser't Hooft, Secrétaire général du Conseil œcuménique des Eglises, elle prend l'initiative de réunir en septembre 41 et septembre 42 des pasteurs protestants à Pomeyrol (Bouches-du-Rhône), afin d'élaborer un ensemble de textes portant sur l'engagement des chrétiens en temps de guerre. Les " thèses de Pomeyrol " rejetaient ouvertement le régime de Vichy et son totalitarisme, et condamnaient le statut des juifs mis en place par Vichy en octobre 40 et juin 41. Madeleine Barot est "Juste parmi les Nations".

[64] Le Pasteur Toureille travaillait en étroite collaboration avec le Conseil œcuménique des Eglises et la Fédération protestante de France. Sa mission officielle en tant qu'aumônier était de distribuer de l'argent, de la nourriture, des vêtements et des livres aux internés ; mais très rapidement, il a réalisé que ces efforts ne feraient que retarder la mort et non l'empêcher. Toureille a ainsi commencé à protéger clandestinement des Juifs. Il a amené son Eglise à fournir, au moins au début, emplois et éducation aux réfugiés. Lorsque les nazis ont commencé à renforcer leur emprise, Toureille trouva parmi des familles de sa congrégation des cachettes pour de nombreux Juifs et aida des dizaines d'autres à passer en Suisse. Il a également créé en 1941 le foyer chrétien pour les enfants, dont la plupart des élèves (à l'insu des nazis) étaient des enfants juifs.

par le pasteur et le curé de Gurs, le Secours suisse de la Croix-Rouge, The Religious Society of Friends (Quakers américains), l'O.R.T.[65] et l'O.S.E.[66] en décembre. Dès février 1941, d'autres organisations les rejoignent : le Service social d'Aide aux Emigrants, le Comité d'Assistance aux Réfugiés du Consistoire de Paris, la HICEM[67] pour l'émigration.... Ces divers organismes humanitaires se sont donné pour mission l'amélioration des conditions de vie, l'aide alimentaire, administrative et sanitaire, l'enseignement, le placement d'enfants dans des familles d'accueil - et que le plus grand nombre de gens sortent des camps pour quitter la France. L'administration de Vichy les encourage, contente de ne pas avoir à gérer elle-même les problèmes dus aux internements qu'elle a, de sa propre autorité, prononcés[68].

En septembre 41, le Docteur Cramer effectue pour le compte de la Croix-Rouge Internationale

---

65 L'Organisation Reconstruction Travail est une œuvre philanthropique créée en 1880 à Saint-Pétersbourg *« pour le travail manuel, artisanal et agricole »* des déshérités juifs, afin qu'ils puissent échapper à la misère de la « Zone de résidence » à laquelle ils étaient assignés.

66 Œuvre de Secours aux Enfants, organisation née à Saint-Pétersbourg en 1912 qui s'est donné pour mission de protéger, nourrir et soutenir les enfants juifs victimes des persécutions et de la pauvreté.

67 Qui regroupe trois associations juives d'aide à l'émigration, la HIAS américaine Hebrew Aid and Sheltering Society), la JCA anglaise Jewish Colonization Association) et l'allemande EMIGDIRECT.

68 Un prêtre suisse contre le pouvoir de Vichy : l'abbé Albert Gross auprès des juifs internes (1942-1943,) Ruth Fivaz-Silbermann, in : Traverse : Zeitschrift für Geschichte (Revue d'histoire) 2000.

une visite du camp[69]. Il constate que : « *Des améliorations ont été réalisées dans l'aménagement de certains îlots où des canalisations ont été creusées et des allées, jadis boueuses, empierrées. Quelques baraques ont des fenêtres qui n'existaient pas l'année dernière, mais restent encore très rudimentaires et inconfortables. De même qu'à Rivesaltes, l'invasion des rats constitue un véritable fléau ; ces bêtes affamées dévorent les maigres provisions et les hardes des internés, quand elles ne les mordent pas, ce qui arrive fréquemment, comme nous l'avons constaté chez un enfant dont les plaies n'arrivaient pas à cicatriser[...]*

L'îlot H est le plus mauvais du camp : il est dans un état de délabrement et de manque d'hygiène et les internés sont sous-alimentés, ce qui explique les nombreux cas d'œdèmes de famine et d'une façon générale l'apparence minable des internés. Plusieurs d'entre eux n'ont même plus la force de se tenir debout. »

Ce rapport confidentiel de la Croix-Rouge Internationale de l'automne 41 conclut ainsi ses observations : « *Quant au personnel de surveillance, recruté dans la Sûreté nationale, il nous a paru, dans sa grande majorité, inférieur à sa tâche. De trop nombreux chefs d'îlots se distinguent par leur brutalité, par une mentalité trop policière, et une moralité qui laisse fortement à désirer. Nous nous sommes laissé dire que certains chefs d'îlots profitent de leur autorité pour obliger les jeunes inter-*

[69] Rapport sur le camp d'internés civils du sud de la France visités par le Dr A. Cramer, membre du Comité international de la Croix-Rouge, 25 septembre - 10 octobre 1941.

nées à sortir la nuit de leur baraque et à venir les rejoindre. Une enquête a prouvé que sur 20 femmes enceintes dans le camp de Gurs, 18 l'étaient devenues à la suite de ces relations avec les gardiens. A Gurs, des enfants et des vieillards auraient été brutalisés[70] ».

Le Comité de coordination pour l'assistance dans les camps précise : « *On doit noter toutefois que le nombre de jeunes filles mineures enceintes va en augmentant ainsi que celui des femmes mariées séparées de leur mari ; ce n'est que dans un nombre relativement restreint des cas que des internés eux-mêmes sont les auteurs de ces œuvres. La résistance morale, mais aussi la résistance physique des jeunes filles et des femmes, faiblit parfois pour des raisons indépendantes de leur volonté* ».[71]

---

[70] Archives CICR, novembre 1941, visite par le docteur Cramer, membre du CICR, des camps d'internés civils du sud de la France. G 3/28 : Missions - Délégations.
[71] In : Comité de coordination pour l'assistance dans les camps, séance du vendredi 31 octobre 1941, rapport de la commission d'hygiène. Archives départementales du Rhône.

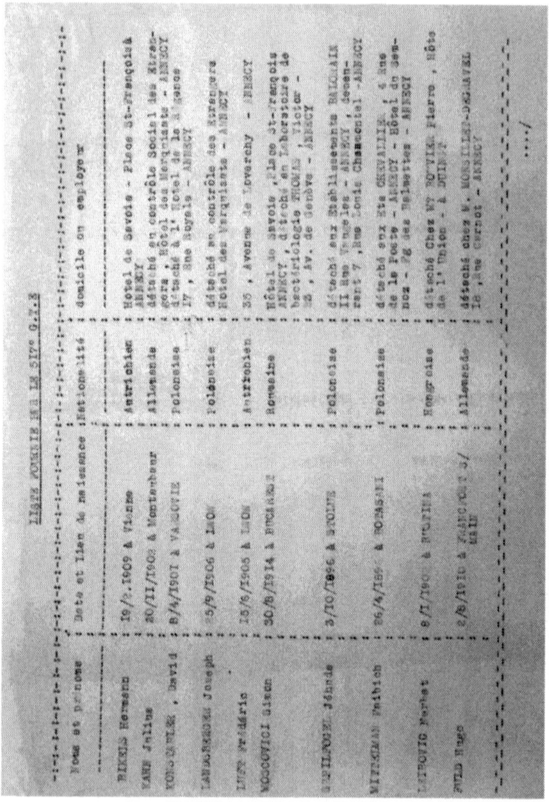

LISTE FOURNIE PAR LE 517e G.T.E

Noms et prénoms	Date et lieu de naissance	Nationalité	domicile ou employeur
BIKELS Hermann	19/[illegible].1909 à Vienne	Autrichien	Hotel de Savoie - Place St-François à ANNECY
KAHN Julius	20/II/190[illegible] à Montauban	Allemande	détaché au contrôle Social des Etrangers, Hôtel des Marquisats - ANNECY
[illegible] , David	8/4/1901 à VARSOVIE	Polonaise	détaché à l'Hotel de la [illegible] 17 , Rue Royale - ANNECY
[illegible] Joseph	[illegible]5/9/1906 à LION	Polonaise	détaché au contrôle des Etrangers Hotel des Marquisats - ANNECY
LUFT Frédéric	15/6/1905 à LION	Autrichien	35 , Avenue de Loverchy - ANNECY
MOSCOVICI Simon	30/8/1914 à BUCAREST	Roumaine	Hôtel de Savoie ,Place St-François ANNECY , détaché au Laboratoire de bactériologie THOMAS , Victor - 35 , Av. de Genève - ANNECY
[illegible]PILFOGEL Jéhudé	3/10/1896 à [illegible]	Polonaise	détaché aux Etablissements BALLMAIN 11 Rue Vaugelas - ANNECY , demeurant 7 ,Rue Louis Chaumontel -ANNECY
[illegible] Faibich	26/4/189[illegible] à [illegible]	Polonaise	détaché aux Ets CHEVALLIER , 4 Rue de la Poste - ANNECY - Hôtel du Genevois - Fg des Balmettes - ANNECY
[illegible]IBOVIC Herbet	8/1/190[illegible] à [illegible]	Hongroise	détaché Chez Mr BOUVIER Pierre , Hôtel de l'Union - à DUINGT
FULD Hugo	2/8/1910 à FRANCFORT S/MAIN	Allemande	détaché chez M. MONSTILLET-DEGRAVEL 18 ,Rue Carnot - ANNECY

..../

Figure 12: Une liste des internés du GTE 517 détachés

Les Compagnies de Travailleurs Étrangers (C.T.E)

Le gouvernement de Daladier avait rapidement vu dans tous ces internés, Espagnols et Brigadistes d'abord, une main-d'œuvre à bon marché et avait tenté d'utiliser les détenus des camps de rétention. En plus de mobiliser la main-d'œuvre étrangère au bénéfice de l'économie nationale, il s'agit aussi de contrôler socialement et de surveiller policièrement les réfugiés. Les « Compagnies de Travailleurs étrangers » (C.T.E.) sont créées le 13 janvier 1940. Mais le recrutement fonctionne sur la base du volontariat et se heurte rapidement au refus des brigadistes.

Euzebiusz Dworkin, un Polonais ancien d'Espagne, justifie ainsi ce refus : « *Les services du camp nous poussaient à entrer dans les compagnies de travail. On nous disait qu'on irait dans les camps militaires, qu'on travaillerait pour l'armée, que l'alimentation serait la même que celle des soldats, ainsi de suite. Cela nous plaisait beaucoup plus que de rester dans ce camp où tout allait de mal en pis. Cependant nous avons appris par d'autres camarades déjà affectés, des Espagnols surtout, qu'on les avait envoyés travailler sur la ligne Maginot à renforcer les fortifications sous le feu de l'artillerie allemande et que certains, sans armes devant les balles nazies, avaient été tués. (…) Nous ne voulions pas nous offrir inutilement, sans défense, aux armes allemandes. C'est pourquoi nous avons décidé de pratiquer la résistance passive en refusant de signer tout formulaire*[72] ».

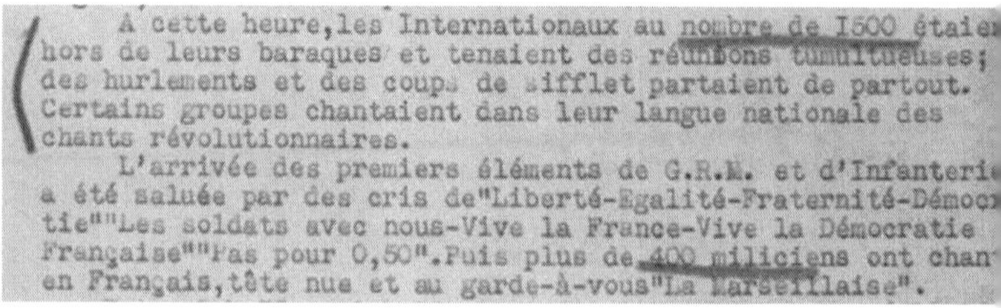

A cette heure,les Internationaux au nombre de 1500 étaie
hors de leurs baraques et tenaient des réunions tumultueuses;
des hurlements et des coups de sifflet partaient de partout.
Certains groupes chantaient dans leur langue nationale des
chants révolutionnaires.
L'arrivée des premiers éléments de G.R.M. et d'Infanteri
a été saluée par des cris de"Liberté-Egalité-Fraternité-Démoc
tie""Les soldats avec nous-Vive la France-Vive la Démocratie
Française""Pas pour 0,50".Puis plus de 400 miliciens ont chan
en Français,tête nue et au garde-à-vous"La Marseillaise".

Figure 13: Extrait du rapport Davergne (Archives nationales, F/7/14736)

Ce rapport du Chef d'escadron Davergne, commandant le camp de Gurs, décrit ainsi les manifestations organisées par les Internationaux internés : « *Pour cette opération, il a procédé de la façon suivante : Chaque Chef de baraque a été invité à prévenir les occupants que l'on allait faire des désignations d'office. Il les a prévenus qu'en cas de résistance la force serait employée. 25 miliciens ont accepté immédiatement leur enrôlement et on leur accorda le temps nécessaire pour prendre leurs bagages. Une centaine ont été pris de force et conduits jusqu'à l'allée centrale où ils ont cessé toute résistance. Quelques-uns ont été traînés sur plus de 100 mètres. Pendant ces opérations les cris les plus divers n'ont cessé de retentir. Ceux d' « assassins » ont été employés le plus souvent. Des tentatives de sortie des baraques, grâce à la vigilance des sentinelles, ont échoué. Au cours de l'une d'elles, plusieurs Yougoslaves ont foncé sur le Lieutenant*

[72] *Od Manzanares do Oki. Wspomnienia dąbrowszczaka*, Euzebiusz Dworkin, ed. Książka i Wiedza Varsovie 1974, cité dans le Bulletin trimestriel de l'Amicale du Camp de Gurs, n° 140, septembre 2015.

Rat qui se trouvait à l'entrée de la baraque 16. Cet officier menacé par ces énergumènes a frappé l'un d'eux d'un coup de cravache. Ce geste a eu pour résultat immédiat la fin de toute hostilité de la part des internés. Le Yougoslave ayant reçu le coup, Ivan Turpin [orthographié Tirpen à la fin de ce même rapport], a été mis en état d'arrestation pour son attitude menaçante. Un garde a été mordu par un individu dont l'identification n'a pu être établie. Des recherches sont faites pour identifier tous les meneurs ; dès qu'elles seront terminées la liste sera transmise avec une demande d'envoi sur le Camp du Vernet.[73] »

Plusieurs centaines des brigadistes réfractaires sont alors transférés par mesure disciplinaire vers le camp pour « indésirables étrangers » du Vernet d'Ariège, dans le courant du mois de mai. Devant ce peu d'empressement à rejoindre les C.T.E., la loi du 27 septembre 1940, « Loi sur la situation des étrangers en surnombre dans l'économie nationale »[74], autorise l'incorporation systématique de la population internée masculine dans les Groupes de Travailleurs Etrangers (G.T.E.), forme d'exclusion moins onéreuse que les camps. Chaque groupe, constitué de 250 hommes, est commandé par un

---

73 Source : texte intégral du rapport Davergne publié dans le Bulletin trimestriel de l'Amicale du Camp de Gurs n° 40, septembre 2015.

74 L'objectif se voulait autant politique qu'économique et social, comme l'indique un commentaire des autorités militaires en avril 1941 suivant lesquels les G.T.E. permettaient « *de grouper les étrangers en surnombre dans l'économie nationale ou dont l'activité risquerait d'être dangereuse pour la Nation, s'ils étaient autorisés à résider librement* ». in : *La France des camps : L'internement (1938-1946)*, Denis Peschanski, Gallimard 2002.

officier de réserve français ou par un membre des S.O.L.[75], organisation paramilitaire à l'origine de la Milice.

La loi du 27 septembre 1940 sur la création des G.T.E.

Loi relative à la situation des étrangers en surnombre dans l´économie nationale

Nous, Maréchal de France, Chef de l´Etat français ;

Le conseil des ministres entendu ; Décrétons :

Article 1er. – Les étrangers du sexe masculin âgés de plus de dix-huit ans et de moins de cinquante-cinq ans pourront, aussi longtemps que les circonstances l´exigeront, être rassemblés dans des groupements d´étrangers s´ils sont en surnombre dans l´économie nationale française et si, ayant recherché refuge en France, ils se trouvent dans l´impossibilité de regagner leur pays d´origine.

Sous réserve de formalités réglementaires, ils conservent la faculté d´émigrer dans un pays étranger.

Article 2. – Les groupements d´étrangers sont placés sous l´autorité du ministre de la production industrielle et du travail qui fixe les règles de leur emploi et les met, s´il y a lieu, à la disposition d´employeurs.

Article 3. – Le ministre de l´Intérieur, qui pourra, à cet égard, déléguer ses pouvoirs aux préfets, désignera les étrangers appelés à faire partie des groupements définis à l´article 1er.

---

[75] Le Service d'ordre légionnaire, S.O.L., est une organisation politique et paramilitaire du régime de Vichy fondée en 1941 par Joseph Darnand, figure majeure de la collaboration française. Le S.O.L. prône le culte du chef, le rejet de la démocratie, l'antisémitisme, la collaboration avec l'occupant, comme en atteste le serment officiel : « *[…] Je jure de lutter contre la démocratie, la lèpre juive et la dissidence gaulliste* ».

Article 4. – Les étrangers affectés à ces groupements ne percevront aucun salaire ; ils pourront recevoir éventuellement une prime de rendement. Leurs familles bénéficieront d´allocations, dans les conditions qui seront fixées par décret.

Article 5. – Sont abrogés l´article 3 du décret-loi du 12 avril 1939 relatif aux prestations auxquelles sont assujettis certains étrangers sans nationalité ou bénéficiaires du droit d´asile ainsi que les décrets pris pour l´application de cet article.

Article 6. – Le présent décret sera publié au Journal Officiel et sera exécuté comme loi de l´État.

Fait à Vichy, le 27 Septembre 1940

Philippe PETAIN

Pour le Maréchal de France, chef de l´État :

Le ministre secrétaire d´État à la Production industrielle et au Travail

René BELIN

Le ministre secrétaire d´État à l´Intérieur

Marcel PEYROUTON

Le ministre secrétaire d´État aux Affaires étrangères

Paul BAUDOIN

(*Journal Officiel* du 1er Octobre 1940)

Cette loi, destinée aux étrangers sans travail et sans ressources, n'a plus pour objectif de faire participer des étrangers à l'effort de guerre mais de répondre par une politique d'exclusion et d'exploitation « *à des impératifs idéologiques et socio-économiques symptomatiques de l'idéologie vichyssoise »*[76]. 60.000 étrangers de 18 à 55 ans (dont 1/3 de Juifs) en zone libre ont été incorporés en 1941 dans les Groupes de Travailleurs Étrangers, dénomination alors inconnue en zone occupée. Les conditions de vie dans ces groupes peuvent, selon le chef de groupe, être quasi carcérales.

Le GTE 517 en Haute-Savoie

Le décret du 22 février 1941 fixe les sanctions à appliquer aux G.T.E. Il n'en prévoit que deux, toutes deux sévères :

« Les sanctions à appliquer en cas d'indiscipline ou d'abandon de poste seront :

1. Envoi dans un groupe disciplinaire.
2. Envoi dans un camp d'internement »[77].

Mais que faut-il entendre par "indiscipline" ? Les commandants des groupes sont totalement libres d'en décider et il n'existe aucune instance d'appel.

Le Comité de Nîmes avance le chiffre de 70.000 hommes incorporés dans ces G.T.E. A partir de juin 1941, les Allemands vont réquisitionner nombre de ces Groupements sous l'autorité de

---

[76] Les Bastilles de Vichy, répression politique et internement administratif, Vincent Giraudier, Tallandier 2009.
[77] Décret relatif à l'assistance à la Famille et à la discipline des étrangers placés dans les formations d'étrangers, *Journal Officiel*, 16 mars 1941, AD 04, 6 J 13.

l'organisation Todt pour l'édification du Mur de l'Atlantique. On estime que 39.000 hommes environ, espagnols en majorité, sont internés en zone occupée dans des G.T.E. venus de la zone dite « libre » en juillet 1941.

En décembre 1941, Vichy décide d'interner tous les Juifs étrangers arrivés en France après le 1er janvier 1936, et leur incorporation immédiate dans des compagnies de travail. Signe inquiétant : le Commissariat à la lutte contre le chômage, dont dépendent les G.T.E., crée des Groupements juifs homogènes, dits « Palestiniens » ; le régime qui leur est réservé est généralement cruel.

Hugo Schmidt est incorporé dans le G.T.E. 517. Le 30 juin 1941, les hommes sont embarqués à quatre-vingt-dix par wagon à bestiaux sous les ordres d'un certain Monsieur Villière. Le convoi quitte Gurs, destination la Haute-Savoie qui va compter 5 G.T.E. sur l'ensemble de son territoire, soit environ 1.000 hommes répartis dans des commandos de travail : barrage de Génissiat, assèchement de marais, bûcheronnage et charbon de bois, construction de routes.

A leur arrivée, Hugo et ses compagnons, dont la plupart sont espagnols, ont été affectés au camp de la Grande Jeanne, aux Puisots, sur les pentes du Semnoz, une montagne de moyenne altitude (1 699 mètres) longue de 16 kilomètres, située entre Annecy et le lac du Bourget. En plus du bûcheronnage, le G.T.E. 517 doit construire une nouvelle route d'accès au sommet du Semnoz. Les conditions, guère meilleures qu'au camp de Gurs, y sont rudes, l'organisation est militaire, la discipline aussi, le travail difficile, la nourriture insuffisante et la prime journalière n'est que de 8 francs. Les hommes manquent de tout. La fiche d'indemnité d'un de ses camarades, signée par le chef de groupe adjoint, porte la mention « *Le Travailleur Etranger Fuentes Mancilla Angel, employé comme charbonnier au Groupe 517 de T.E. à Annecy, perçoit une prime journalière se montant environ à 8.-- fr. par jour, plus 0.50 fr. par jour de prêt* »[78]. La somme correspond au salaire moyen d'un manœuvre en 1941.

Pour compléter le tableau, le capitaine Picard, officier commandant le 517, ne dispense que cinq permissions par dimanche pour descendre sur Annecy, provocant un mouvement de colère. Il faut alors faire appel aux gardes mobiles pour rétablir l'ordre dans les baraques. Ces hommes, dont la plupart a passé la trentaine, aguerris à la détention, vont rapidement se livrer à des « actes délictueux » : visites nocturnes du bureau du capitaine, fabrication de faux papiers et organisation d'une première évasion pour faire échapper l'un des leurs à la déportation. Premiers actes de résistance.

Les autorités tirent depuis quelque temps le signal d'alarme, elles soupçonnent fortement les G.T.E. d'être des centres de recrutement pour la

---

[78] Archives départementales des Hautes-Alpes. FRAD005_30W_00775_0169.

Résistance. Le préfet des Hautes-Alpes est de ceux qui alertent police et gendarmerie. Le tampon « secret » orne l'en-tête de son courrier du 7 septembre 1942 : *« De renseignements qui me parviennent de sources très diverses et qui ont trouvé confirmation dans de récentes opérations d'ordre judiciaire, je suis avisé que les groupements de travailleurs étrangers, notamment en ce qui concerne la main d'œuvre espagnole, continuent à jouer un rôle de centres mobilisateurs au profit des forces de la révolution. Les dirigeants responsables de l'action communiste ont en effet pris l'habitude de recruter parmi les anciens gouvernementaux espagnols réfugiés sur notre territoire et qui ont tous déjà subi l'épreuve de la guerre civile dans leur pays, des éléments instruits, capables de fournir le noyau d'une armée d'insurrection, et d'autant plus dangereux pour l'ordre public qu'ils ont moins de liens avec la communauté nationale française. »*[79]

On notera qu'il reprend presque mot pour mot la circulaire du gouvernement Laval du 1er septembre qui précise : *« ... Il est important avant tout d'établir un bilan aussi exact que possible, et qui devra être tenu à jour avec le plus grand soin, des effectifs dont pourrait (sic) disposer le cas échéant les promoteurs d'un mouvement révolutionnaire... »*[80]

Et malgré la vigilance demandée aux R.G. et à la police de Vichy, les G.T.E. deviennent rapidement le vivier de la jeune Résistance.

---

79 Archives départementales des Hautes-Alpes, FRAD005_370W_15047_0074.

80 Archives Préfecture de Police de Paris PPP 207.

Chance pour les hommes du 517, le pasteur Pierre-Charles Toureille, déjà présent à Gurs à travers l'Aumônerie des étrangers protestants en France, a pris en charge l'aide aux G.T.E. dont il dit que les conditions sont pires que celles des camps d'internement. Il reçoit de l'argent du Conseil Œcuménique des Eglises[81], dont le siège est à Genève, et dont il est le représentant en France. Son trésorier, un dénommé Charles Bouet, viticulteur à Congénies dans le Gard, répartit le soutien financier en fonction des nécessités. C'est ainsi qu'à Annecy, le pasteur Paul Chapal reçoit régulièrement de l'argent pour venir en aide aux déplacés et réfugiés qu'il accueille en grand nombre. Il confie le soin de gérer les sommes destinées au 517 à un certain Harry Schultze, protestant. Est-ce le Schultze alsacien réfugié à Annecy, ou le Schultze membre du 517 ? Une lettre du pasteur Chapal datée du 26 novembre 1941 désigne ce Harry Schultze comme le responsable des étrangers protestants du camp des Puisots où est caserné le G.T.E. 517.

---

[81] « Organisme international et interconfessionnel dont le siège est à Genève et qui rassemble la quasi-totalité des Églises orthodoxes orientales et des Églises issues de la Réforme. Le Conseil œcuménique des Églises (C.o.E.) veut être une association fraternelle, chacune des Églises adhérentes restant libre et indépendante en matière de doctrine, d'organisation du culte ou de la vie de ses communautés », Encyclopaedia Universalis.

EGLISE RÉFORMÉE
ÉVANGÉLIQUE
D'ANNECY

Pasteur P. CHAPAL

C. C. P. Lyon 273-53
Téléphone 11-11

Annecy, le 26 Novembre 1941.
3, Rue Sommeiller

Messieurs,

Je suis heureux de vous accuser réception des 4 "colis suisses N° 6079 - 6080 - 6081 et 6082 qui me sont parvenus en bon état.

J'ai déjà remis une partie de leurs contenus à Monsieur SCHULTZE responsable des étrangers protestants qui travaillent au Camp des Puisots. Cette nourriture a été très bienvenue car ces amis travaillent très dur à couper du bois, et leur alimentation, relativement bonne, est insuffisante en quantité.

Nous sommes en train de préparer pour les protestants du camp une fête de Noël le 24 Décembre; nous voudrions à cette occasion leur offrir un repas, c'est vous dire combien tout envoi de votre part sera le très bienvenu.

Par ailleurs, je visite à la prison d'Annecy des étrangers, qui y sont relativement nombreux, une dizaine environ, parmi eux, il y a des tchèques, desrusses, des autrichiens et j'ai même eu un abyssin. Je suis actuellement autorisé à leur faire parvenir des colis d'alimentation (objets sans ticket). Pensez-vous que je puisse prélever sur les colis que vous m'envoyez une certaine quantité de nourriture pour cesprisonniers. Il s'agit pour la plupart d'inculpés qui n'ont pas commis de fautes graves.

En vous remerciant encore de ce que vous avez fait pour soulager la souffrance de ces étrangers et en vous exprimant notre gratitude pour ce que vous voudrez bien faire dans l'avenir, je vous prie, Messieurs, de croire à nos sentiments bien reconnaissants et fidèlement dévoués.

P. Chapal

Figure 14: Lettre du pasteur Paul Chapal, source C.o.E

Plusieurs lettres entre les divers acteurs sont conservées dans les archives du Conseil Œcuménique à Genève. Elles confirment le rôle joué par le réseau protestant dans l'aide au G.T.E. de Hugo et prouvent que lui et ses camarades ne sont pas tout à fait isolés, coupés du monde. Un lien social, même ténu, unit non seulement les protestants du G.T.E. 517 mais aussi les Espagnols qui constituent l'écrasante majorité du 517 ainsi que du G.T.E. voisin, le 515.

Au gré des mois qui passent, le pasteur Chapal reçoit de l'argent de Genève. Une nombreuse correspondance entre lui, le Conseil œcuménique et Charles Bouet, le trésorier, conservée dans les archives du Conseil, en témoigne. Un an plus tard, l'aide continue.

Adolf Freudenberg est un ancien membre du corps diplomatique allemand que le régime nazi a obligé à quitter le Reich. En 1935, il entame des études de théologie ; en novembre 1938, après l'incendie des synagogues en Allemagne, il gagne l'Angleterre. Chargé d'abord à Londres du secrétariat de « l'Aide aux Réfugiés auprès du Conseil œcuménique en formation », il part pour Genève où le siège du Conseil œcuménique a été transféré. Il se dévouera pendant toute la guerre aux réfugiés victimes de la persécution nazie et c'est avec la plus grande énergie qu'il portera secours aux communautés protestantes et orthodoxes derrière les barbelés. *« Pour la première fois, elles* [ces communautés] *prenaient conscience de l'existence concrète d'une Eglise universelle. Il en était de même pour nos paroisses si vivantes de réfugiés de Gurs et dans d'autres camps...* », a-t-il écrit plus tard. Et c'est avec son accord qu'en France le pasteur Boegner a confié l'Aumônerie des Etrangers au Pasteur Toureille avec pour tâche d'être un service pastoral à l'intention des nombreux protestants étrangers disséminés dans le pays ou dans les Groupements de Travailleurs Etrangers. C'est donc naturellement que le lien se noue entre Chapal et Toureille.

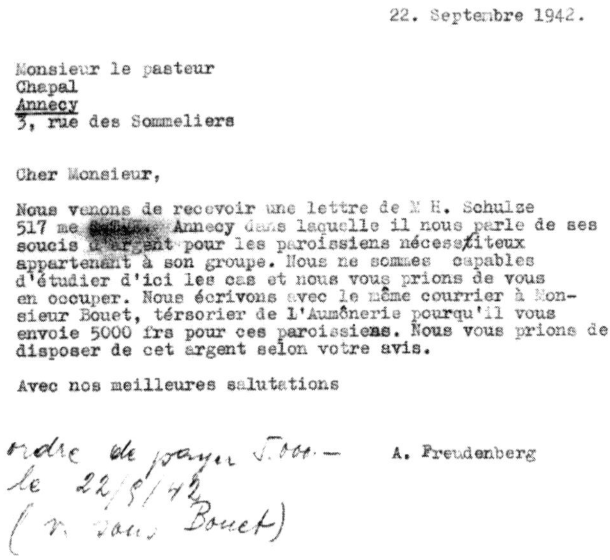

22. Septembre 1942.

Monsieur le pasteur
Chapal
Annecy
3, rue des Sommeliers

Cher Monsieur,

Nous venons de recevoir une lettre de M H. Schulze 517 me [illegible] Annecy dans laquelle il nous parle de ses soucis d'argent pour les paroissiens nécessiteux appartenant à son groupe. Nous ne sommes capables d'étudier d'ici les cas et nous vous prions de vous en occuper. Nous écrivons avec le même courrier à Monsieur Bouet, térsorier de l'Aumônerie pourqu'il vous envoie 5000 frs pour ces paroissiens. Nous vous prions de disposer de cet argent selon votre avis.

Avec nos meilleures salutations

A. Freudenberg

ordre de payer 5.000.–
le 22/9/42
(v. [illegible] Bouet)

Figure 15: Lettre de Paul Chapal Archives C.o.E. - Genève

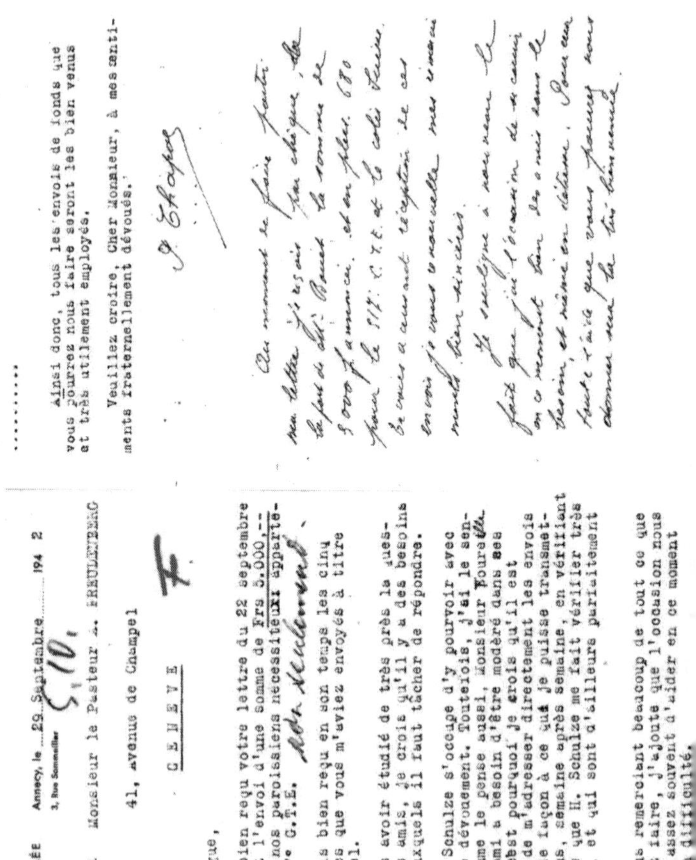

ÉGLISE RÉFORMÉE
ÉVANGÉLIQUE
D'ANNECY

Pasteur P. CHAPAL

C. C. P. Lyon 273-53
Téléphone 11-11

Annecy, le 29 Septembre 1942
3, Rue Sommeiller

S. 10.

Monsieur le Pasteur A. FREUDENBERG

41, Avenue de Champel

GENEVE

F.

Cher Collègue,

J'ai bien reçu votre lettre du 22 septembre m'annonçant l'envoi d'une somme de Frs 5.000,-- pour aider nos paroissiens nécessiteux appartenant au 517e G.T.E. non seulement.

J'avais bien reçu en son temps les cinq cents francs que vous m'aviez envoyés à titre exceptionnel.

Après avoir étudié de très près la question de ces amis, je crois qu'il y a des besoins certains auxquels il faut tâcher de répondre.

Harry Schulze s'occupe d'y pourvoir avec beaucoup de dévouement. Toutefois, j'ai le sentiment, comme le pense aussi, Monsieur Bourelle que notre ami a besoin d'être modéré dans ses dépenses, cest pourquoi je crois qu'il est préférable de m'adresser directement les envois d'argent, de façon à ce que je puisse transmettre ces dons, semaine après semaine, en vérifiant les comptes que H. Schulze me fait vérifier très volontiers, et qui sont d'ailleurs parfaitement en règle.

En vous remerciant beaucoup de tout ce que vous pouvez faire, j'ajoute que l'occasion nous est donnée assez souvent d'aider en ce moment des amis en difficulté.

....

Ainsi donc, tous les envois de fonds que vous pourrez nous faire seront les bien venus et très utilement employés.

Veuillez croire, Cher Monsieur, à mes sentiments fraternellement dévoués.

P. Chapal

Au moment de faire partir ma lettre je reçois par chèque, de la part de M. Bouet la somme de 5000 f annoncée et en plus 680 pour le 517e G.T.E. et le colis Suisse. En vous accusant réception de ces envois je vous renouvelle mes remerciements bien sincères.

Je souligne à nouveau le fait que j'ai l'occasion de secourir en ce moment bien des amis dans le besoin, et même en détresse. Pour eux toute l'aide que vous pourrez nous donner sera la très bienvenue.

Figure 16: Courrier de P. Chapal au C.o.E.

Ce courrier confirme ainsi que ce Harry Schulze semble bien appartenir au G.T.E. 517. Les besoins sont sans doute importants. Et Schulze est peut-être un peu trop dépensier au regard de ses donateurs.

C'est donc à travers cette aide que la connexion a pu se faire entre le Pasteur Chapal et Hugo. Un pasteur Chapal qu'on croisera plusieurs fois dans la vie de Hugo.

Plus tard après la guerre, le pasteur Chapal affirmera dans une déposition :

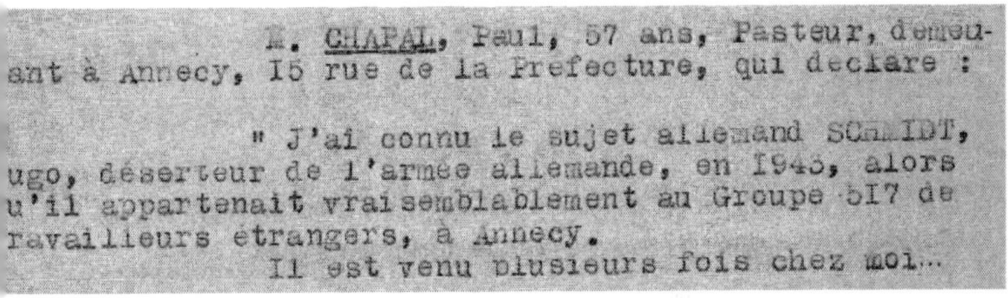
M. CHAPAL, Paul, 57 ans, Pasteur, demeu-
ant à Annecy, I5 rue de la Préfecture, qui déclare :

" J'ai connu le sujet allemand SCHMIDT,
ugo, déserteur de l'armée allemande, en I943, alors
u'il appartenait vraisemblablement au Groupe 5I7 de
ravailleurs étrangers, à Annecy.
Il est venu plusieurs fois chez moi...

Figure 17: Service historique de la Défense - Caen. Dossier de pension 3H56136

Quand arrive avril 1942, Hugo est en Haute-Savoie depuis bientôt deux ans tandis que Sara demeure toujours en Belgique. Qu'ont-ils su l'un de l'autre ? Quels contacts ont-ils pu établir ? Rien ne permet de dire s'ils ont réussi à correspondre, à échanger quelques nouvelles. Mais rien ne prouve le contraire. Les archives sont muettes et les témoins disparus. On sait néanmoins que les autorités permettaient aux internés une correspondance, censurée bien sûr, et épisodique. On peut donc affirmer sans risque de se tromper que Sara a eu connaissance de la présence de Hugo aux environs d'Annecy.

Raison sans doute pour laquelle Sara arrive à Annecy aux prémices du printemps. L'hiver 41-42 a été très froid et neigeux tout comme semblent l'être tous les hivers de guerre, ajoutant aux malheurs des hommes. Dans les Alpes, l'hiver, tout comme le précédent, n'a pas été clément pour Hugo et ses camarades. Il a gelé tous les jours du 28 décembre au 4 mars. Deux hivers que Hugo a passés dans les bois du Semnoz dans un camp situé à 650 mètres d'altitude, insuffisamment vêtu et mal nourri.

Après un peu plus de deux ans de séparation, elle retrouve Hugo, mais trop brièvement. Elle lui présente l'enfant. Le sien. Le leur. Gertrud a 2 ans. A peine, mais déjà. On imagine volontiers la surprise de Hugo et sa joie. Leur joie. On espère toujours mais, lorsque le moment survient, on a peine à y croire. On évoque la chance, parle parfois de miracle. La joie, ça ne s'éprouve pas tout de suite. Il faut d'abord passer par la stupéfaction, l'émotion, les serrements, l'étouffement, avant de se laisser aller au rire, à la joie. D'y croire enfin. D'accepter de vaciller sous le coup de l'incroyable. Il faut juste un temps pour réussir à se persuader que le rêve est devenu réalité. Vraiment. Une toute petite fenêtre de bonheur s'ouvre dans ces moments de terreur. Fenêtre rapidement refermée : Sara est arrêtée par la police française, au prétexte que les étrangers n'ont pas le droit de résider dans une zone déclarée interdite, et extradée pour une destination inconnue.

Fuite, à nouveau

Avril 1943. Une année s'est écoulée. Que sait Hugo du destin de Sara ? A-t-il reçu la moindre lettre ? Sans nouvelles, plus le temps passe et plus l'angoisse et la peur s'installe et torture chaque jour davantage.

Six mois plus tôt, Hugo a fêté ses 33 ans sur les chantiers du Semnoz. Après deux années à abattre et débiter des arbres, à entasser les bûches, à monter une meule après l'autre et les avoir couvertes de terre, à surveiller pendant 3 jours le feu qui couve, puis à ouvrir la meule et pelleter le charbon de bois ; après avoir empierré la future route qui monte au sommet du Semnoz, Hugo a quitté le camp de la Grande Jeanne. Il vit désormais à Doussard, petite commune à 15 km au sud d'Annecy, située sur la rive occidentale du lac, au pied des premiers contreforts du massif des Bauges. Il travaille depuis le 1er avril comme boiseur dans la mine de lignite d'Entrevernes, au hameau de Saury situé au-dessus de Doussard. La veine de charbon court sous le massif des Bauges, vers l'ouest. La cadence de l'extraction y est de 100 à 120 tonnes par jour. Ce lignite permet aux industriels, privés de mazout, d'alimenter leurs fours et à une partie de la population annecienne, privée de charbon, de bénéficier d'une source d'énergie de substitution, d'autant que les hivers sont froids. Une photo prise en 1945, lors d'une visite préfectorale, montre un panneau *« Attention - Danger - Mine grisouteuse »* avec la mention *« Mineur pour les tiens pense à ta vie »*.

Hugo est-il détaché de son G.T.E. aux mines ou l'a-t-il déserté ? En effet, les évasions sont nombreuses. La Haute-Savoie compte cinq G.T.E. comprenant à peu près 1.000 hommes dont plus de 700 Espagnols, 130 Juifs et 50 nationalités différentes. Un rapport du préfet précise : « *Il a été enregistré 51 évasions dans les groupes de mon département du 1er janvier au 31 mars 1942. Mais ces évadés, sans argent ni ressource, sont souvent vite repris. Si l'évadé est repris en zone libre, il est dirigé vers un G.T.E. disciplinaire. Si c'est un récidiviste, il est déféré au Parquet et risque une amende de 100 à 1.000 francs ou un emprisonnement d'un mois à un an.*[82] »

D'autres indices militent en faveur de l'évasion. Hugo est devenu salarié de la Société anonyme des Mines d'Entrevernes (SME) et son chef d'équipe l'aurait caché chez lui, si l'on en croit le témoignage d'un réfractaire : « *Je ne peux pas donner beaucoup de renseignements sur Monsieur Schmidt, ne l'ayant pas bien connu, à cette époque j'étais réfractaire au S.T.O., caché dans les bois, à faire le bûcheron mais j'ai quand même contacté pas mal de ses collègues de la mine,*

---

[82] Archives Départementales de Haute-Savoie, 41 W 34, rapport du préfet de Haute-Savoie - mai 1942.

Site de Morette
74230 LA BALME DE THUY
Tél. 04 50 33 49 50
reservationsitesdesgliere@hautesavoie.fr

Le chant des r	1	10.00	10.00

TOTAL T.T.C. A PAYER : 10.00

RECU ESP (EUR) : 10.00

Total H.T. :	10.00
Total T.V.A. :	0.00
Total T.T.C. :	10.00
Dont autres taxes T.T.C. :	0.00

Ventilation T.V.A.	Mtt HT	Mtt TVA	Mtt TTC
Taux de 0.00%	10.00	0.00	10.00

Merci de votre visite et à bientôt
Pour le respect de l'environnement,
Merci de ne pas jeter sur la voie publique
www.hautesavoie.fr

Caissier(e): GARE Vente: MRC1V0022602
Mercredi 14/07/2021 16:08

MIXTE
Issu de sources responsables
FSC® C002321
FSC
www.fsc.org

EXACOMPTA
PARIS

0% Bisphenol A
BPA

MIXTE
Issu de sources responsables
FSC® C002321
FSC
www.fsc.org

son chef d'équipe, en particulier, se souvient très bien de lui, c'était un bon camarade de travail, il se souvient l'avoir caché chez lui pendant une semaine, votre père et quelques autre collègues étant recherchés par la milice et les allemands....[83]» Un certificat de travail de la mine prouve qu'il y était employé comme boiseur du 1er avril au 8 juillet 1943. L'attestation porte même le montant des salaires perçus pendant cette période : 5.519,80 francs, soit environ trois semaines de salaire d'un ouvrier.

Fin avril début mai, Sara réapparaît soudain à Doussard où elle vient rejoindre Hugo. Surprise ou non ? Ils ne s'étaient plus revus depuis un an et Hugo découvre sa deuxième fille, Huguette, dont il ignorait certainement l'existence. S'imaginent-ils être au bout des persécutions ou goûtent-ils simplement le moment ?

Comment approcher de telles vies faites de craintes, de peurs, d'angoisses, de fuites ? Et comment comprendre que, dans le même temps, l'espoir du bonheur les tient toujours debout ? Hugo et Sara pensent-ils pouvoir enfin poser leurs valises, mettre définitivement fin à leurs longues séparations, vivre la vie à laquelle ils aspirent ? Demain sera un autre jour.

Il semble que pendant leur séjour à Doussard Hugo se soit absenté régulièrement de son travail. Selon l'attestation du directeur de la société des

---

[83] Lettre du 1er décembre 1981 de Monsieur Millet Albert, de Doussard, à Gertrud.

mines datée du 29 octobre 1946, le nombre de jours de travail régulièrement effectués par un employé de la même catégorie que Hugo a été du 1er avril au 8 juillet 1943 de 78 jours. Hugo, lui, n'a effectué que 51 jours, ses absences étant dues à la maladie puis à un arrêt volontaire de travail. Sans doute s'est-il autorisé à profiter de leurs retrouvailles après des années de séparation, de privation de liberté et de galère.

Mais la roue de l'histoire tourne inexorablement et ils en sont nécessairement conscients. C'est pourquoi ils prennent rapidement la décision de passer en Suisse. Genève n'est qu'à une quarantaine de kilomètres. Ils savent qu'ils peuvent compter sur l'aide du pasteur Chapal qui est, sur Annecy, la cheville ouvrière des passages vers la Suisse. La preuve ? Celui-ci a déclaré ultérieurement que Hugo avait à plusieurs reprises déposé du linge au presbytère, la discrétion l'obligeant à venir à chaque fois avec peu de choses. C'est une époque où il faut se méfier de tout et de tout le monde. La délation est monnaie courante, souvent par intérêt. Et même quand aucune prime n'est promise, on la réclame.

Malheureusement la trêve est brutalement interrompue. Début juillet, un matin, la Gestapo se présente, elle est à la recherche de Hugo qui, selon le pasteur Chapal, « *n'a pas déféré à un appel lancé par la presse* »[84]. Chacun comprendra les tourments qui ont pu l'agiter à la vue de ceux qu'il fuit et combat depuis neuf ans. Le cœur qui s'emballe à la vue du moindre uniforme, de la moindre gabardine noire ; le froid qui le gagne alors qu'il transpire ; la voix de son Ange gardien qui lui ordonne de demeurer immobile tandis que l'envie de fuir lui bande déjà tous les muscles. Penser que cet homme trempé à la fréquentation de la mort demeurerait impassible est certainement une erreur. Revoir le spectre de l'infamie rend le danger encore plus insupportable. Alors, il saute par une fenêtre et s'enfuit.

Il semble donc que l'appel à la délation ait rapidement fait son œuvre. Communiste, évadé de son G.T.E. ? Quel prétexte à cette dénonciation ? Pourquoi Hugo était-il recherché si sa situation était régulière ?

Dans une lettre du 8 juillet 1981 adressée à Julien Helfgott, Gertrud exprime ses doutes quant à l'auteur de la dénonciation de son père. Elle a rencontré l'ancien chef du groupe de Hugo qui s'est attribué le beau rôle dans le « sauvetage » de ses hommes - il aurait aidé les « auxiliaires » (sic) du camp de la Grande Jeanne à échapper à un contrôle prévu par les Allemands. Il lui a affirmé qu'un des deux surveillants sous ses ordres était un mou-

---

84 Appel qui ne visait pas uniquement Hugo. Une enquête de la police d'Annecy pour le compte du ministère de l'intérieur en date d'avril 1956 spécifie que *"(...) se croyant recherché par la Gestapo pour ne pas avoir déféré à un appel, lancé par la presse, aux Allemands en situation illégale..."* Service historique de la Défense - Caen dossier n° 21P 671 871.

chard. Dans ce courrier conservé par Julien Helfgott, Gertrud soupçonne ce chef de groupe d'être le dénonciateur de son père.

Hugo court comme un dératé et disparaît dans la forêt proche. Nous sommes aux environs du 8 juillet 43. Sara, elle, est restée. A nouveau seule. Quand bien même aurait-elle voulu accompagner Hugo, prendre les armes - d'autres femmes l'ont fait -, il y avait leurs deux fillettes.

La Résistance et les Glières

Après avoir réussi à échapper à une arrestation qui lui aurait été fatale, Hugo a rejoint une dizaine de camarades espagnols, évadés du G.T.E. 517, qui se cachent dans un refuge au lieu-dit la Somme, dans la Combe d'Ire, sur les pentes de la montagne du Charbon, une étroite vallée boisée qui dévale des Bauges vers l'extrémité sud du lac d'Annecy. Dès le début des G.T.E., les évasions, nombreuses, étaient souvent promises à l'échec ; étrangers et sans argent, ces hommes étaient très souvent repris. Repris en zone libre, ils étaient envoyés en camp disciplinaire. Récidiviste, ils étaient déférés devant le Parquet et risquaient une amende et une condamnation de un mois à un an de prison. Selon le préfet de Haute-Savoie, *« il a été enregistré 51 évasions dans mon département du 1er janvier au 31 mars 1942. »*[85]

Il a suffi de peu de temps à Hugo pour rejoindre ses camarades, moins d'une heure. Là, Hugo change de nom. Il espère ainsi brouiller les pistes, échapper à ses poursuivants, se fondre dans la nature. Comme en un claquement de doigts, Hugo Schmidt est devenu Ugo Gonzalès. Désormais, il est membre d'un petit maquis qui possède pour tout armement cinq pistolets. Placé sous

---

[85] Source : *Les Etrangers en surnombre. Les Groupements de travailleurs étrangers (GTE)*, Peter Gaida, éditions Lulu 2017.

l'autorité d'Antonio Jurado, il compte plusieurs anciens combattants de la Confederacion Nacional del Trabajo (C.N.T.), organisation anarcho-syndicaliste. Nombre d'entre eux sont déjà recherchés par la Gestapo, tel Manuel Joya Martinez, évadé d'une compagnie de travailleurs étrangers, repris, versé au G.T.E. 515 sur la frontière suisse, à l'Est du département de la Haute-Savoie, et qui a effectué en mars 43 une première mission de Résistance en conduisant jusqu'à la frontière suisse un groupe de réfugiés autrichiens cachés dans les couvents de la région. On y trouve aussi Francisco Ortiz, Braulio Ramos, Jaime Barba et José Clausell Caterre, tous anarcho-syndicalistes – « noirs » – qualifiés trop légèrement de « rouges ».

L'engagement de « Ugo » auprès de membres de la C.N.T. n'est pas exceptionnel mais néanmoins insolite - il est, ou a été, communiste. Les confrontations, l'animosité, nées pendant la guerre d'Espagne continuent dans les camps d'internement et les G.T.E. Les rapports y sont parfois tendus. Ainsi au 68e G.T.E., dans la Loire, « *un malaise semble régner. Quatre Espagnols, communistes, avaient quitté ce groupement dans la nuit du 6 au 7 mars 1941. Ont-ils été rejetés par les autres, de tendance socialiste ou anarcho-syndicaliste ? De plus un propriétaire des environs a été menacé de mort. Sont-ils les auteurs de ces menaces ?*

Est-ce la raison de leur fuite ? Le groupe les a-t-il expulsés en raison de leurs agissements ?[86] »

L'Unión Nacional Española (UNE), créée le 7 novembre 1942 sous l'impulsion du Parti Communiste Espagnol, se propose d'unir et diriger les maquisards espagnols, et de lutter contre le régime franquiste. Il faudra attendre le 9 septembre 1944 pour que se crée un contre-pouvoir, l'Alianza Democrática Española (ADE), qui rassemblera toutes les tendances politiques de l'exil, excepté les communistes. L'ADE conteste l'exclusivité de l'UNE et ses méthodes : éliminations et assassinats de maquisards espagnols militant d'autres tendances politiques (anarchistes, socialistes, POUM…). Ces tensions entre communistes et anarchistes ne semblent pas avoir touché la Haute-Savoie - peut-être est-elle trop éloignée des centres de décision.

A Annecy, un groupe d'une dizaine d'Espagnols sédentaires s'était déjà formé, co-dirigé par un coiffeur d'origine espagnole, Richard Andrès[87], et par un membre du G.T.E. 517, Miguel Vera. Leur mission principale est l'espionnage. C'est eux

---

[86] Source : Les GTE dans la Loire, Pascale Moiron. In : Cahiers de Village de Forez, n° 111, 2012.

[87] Personnage charismatique, bilingue, Richard Andrès, fils d'émigré espagnol, est coiffeur à Annecy. Dans la biographie qu'il lui a consacrée, Jean-François de Roussy de Sâles écrit :: « ...il consacre son temps libre à la Fédération des Œuvres Laïques et au Sou des Ecoles. Ces deux associations affirment, dans un grand élan de bénévolat, leur volonté éducative et pédagogique vis-à-vis des enfants qui leur sont confiés ». Il joua un rôle fondamental dans l'organisation de la résistance espagnole en Haute-Savoie.

aussi qui, peu à peu, aident à la création de petits maquis, constitués pour l'essentiel d'Espagnols, anciens combattants d'Espagne, à qui ils assignent des objectifs précis.

En novembre 43, Miguel Vera fait la connaissance de Tom Morel, saint-cyrien de 27 ans, membre de l'état-major de la Résistance en Haute-Savoie, qui ignorait tout de ces Espagnols et de leur organisation. Morel, qui comprend l'importance d'un tel potentiel, fait entrer Miguel Vera à l'état-major. Depuis l'arrivée des Allemands, la situation est explosive et les accrochages de plus en plus fréquents tandis que les sabotages se multiplient. Les maquis ont vu leurs rangs grossir avec la venue de ceux qui fuient le Service du Travail Obligatoire (S.T.O.). A Londres, après avoir tergiversé, les Alliés décident de multiplier les parachutages d'armes en vue de harceler les troupes allemandes sur leurs arrières au moment du débarquement.

A la charnière des années 43 et 44, Morel et Vera arpentent ensemble monts et vallées à la recherche de sites susceptibles de recevoir des parachutages d'armes. Ils en trouvent six, tous homologués par Londres, dont celui du Plateau des Glières. Son nom de code : Hippopotame.

Pendant les 4 mois qui viennent de s'écouler, Ugo et ses camarades n'ont pas bougé de la Combe d'Ire. Leur quotidien est rude et éprouvant, fait de privations mais aussi d'espoir. Ils attendent le moment d'entrer en action.

Le mois de janvier 1944 va décider du sort de ces « hors-la-loi ». Ugo et ses camarades se sont mis en mouvement. C'est le moment où les Espagnols, disséminés dans la région d'Annecy (rejoints par deux Italiens et un deuxième Allemand), se regroupent. Ils descendent vers le lac d'Annecy qu'ils contournent par le sud pour rejoindre d'autres camarades. A pied ou en camion, une soixantaine d'hommes gagnent l'est du lac, au pied du Plateau des Glières.

Le 18 janvier, les Espagnols sont en deuil, ils viennent de perdre un de leurs chefs tant estimé. A la suite d'une dénonciation, Richard Andrès et son chauffeur sont tués dans une embuscade - raison supplémentaire pour combattre le nazisme et la collaboration.

C'est au cours de ce même mois de janvier que les Alliés arrêtent la décision du débarquement. Le 20, le Bureau français de renseignement et d'action de Londres décide de former des réduits dans les montagnes françaises, ce qui a fait écrire à l'historien Alain Dalotel : « *le cadre local est dépassé ; d'une part, Vichy fait de ses opérations de maintien de l'ordre en Haute-Savoie un test national, d'autre part, la France libre [...] tente quelque chose de capital*[88] ».

---

[88] In : *Le Maquis des Glières*, Alain Dalotel, Plon, 1992.

Plateau des Glières

Le 31 janvier 1944, la Haute-Savoie est mise en état de siège par l'intendant de police Lelong. Tout individu porteur ou détenteur d'une arme encourt la peine de mort. Pourchassés par les forces de Vichy, difficilement ravitaillés, la majorité des maquisards de l'Armée Secrète décident le même jour de monter aux Glières pour constituer la base opérationnelle prévue. Cent vingt hommes prennent le chemin du plateau. Tom Morel, qui a pris le commandement des maquis du département, demande aux Espagnols de les rejoindre. Le 1er février, soixante hommes montent à pied aux Glières pour sécuriser le plateau - un parachutage de containeurs est programmé pour la prochaine pleine lune. Ils ont également pour mission la formation militaire des jeunes réfractaires au S.T.O. Leur expérience militaire rassure, ils sont considérés comme des hommes aguerris, efficaces.

Au soir du 1er février, Ugo est au Plateau des Glières. Le hors-la-loi est un homme libre.

Miguel Vera organise militairement les Espagnols en deux sections : « Ebro » et « Renfort Ebro ». Il leur donne une devise : « Arriba Libertad », et les met immédiatement sous les ordres de Tom Morel qui les place d'emblée dans la zone la plus vulnérable. Il compte sur ces vétérans d'Espagne pour défendre les positions les plus difficiles du plateau, au grand soulagement des nombreux jeunes peu accoutumés à la guerre. Manuel Joya Martinez, ancien combattant des Glières, raconte : *« Nous jouissions d'une certaine autonomie et chaque matin au mât du poste de commandement il y avait le drapeau français et le drapeau espagnol : tous les jours l'ordre était inversé, une fois c'était le drapeau français qui était en haut et l'espagnol en bas, et le lendemain c'était le contraire.* [89] »

Une trentaine d'autres étrangers, n'appartenant pas à Ebro, sont sur le plateau : Espagnols, Polonais, Russes, Allemands, Italiens, Suisses, Tchèques. La propagande de Vichy fait rapidement de Glières « *un repaire d'apatrides aux mains d'agents de l'étranger* »[90]. La vie est dure sur le plateau. Une quarantaine de chalets ont été aménagés sommairement. Vêtements chauds et chaussures font défaut ; le ravitaillement est difficile malgré les vivres livrés par la population.

Mais Hugo pense à Sara et à ses deux filles qu'il sait réfugiées en Suisse. Il demande à Tom Morel l'autorisation de quitter le plateau pour les rejoindre. Autorisation refusée. Fidèle, il obéit et

---

[89] Propos recueillis par Federica Montseny Mañé. Intellectuelle, anarchiste espagnole, militante féministe et ministre de la Santé entre 1936 et 1937, elle fuit en France à la fin de la guerre où elle continue de travailler pour ses idées, publiant et dirigeant des périodiques anarchistes comme *CNT et Espoir*, ainsi qu'une soixantaine de livres et voyageant en Suisse, au Mexique, au Canada, en Angleterre et en Italie. Avec le rétablissement de la démocratie en Espagne en 1977, elle rentre en Espagne où elle gardera un énorme prestige jusqu'à sa mort.

[90] Le Maquis des Glières. La Résistance en Haute-Savoie, CD-Rom produit par l'Association Expositions de Résistance Intérieure (AERI, Musée de la Résistance), 2006.

n'abandonnera pas son bataillon. Il va gagner les galons d'adjudant qui ne lui seront remis que plus tard, à titre posthume[91]. Ce grade laisse penser qu'il avait des hommes sous son commandement mais personne aujourd'hui ne peut en témoigner, tous ont disparu.

A partir du 13 février 1943, assiégés par des centaines de gardes mobiles, policiers et miliciens français, les maquisards des Glières sont rejoints par deux groupes de Francs-Tireurs et Partisans (F.T.P.) - environ quatre-vingts hommes - qui, harcelés par les forces de Vichy, viennent s'abriter sur le plateau et participer au combat. Ce qu'ils vont effectivement faire jusqu'à la fin. Tom Morel accepte toutes les bonnes volontés et se refuse à distinguer entre Armée Secrète (AS) et FTP, au moment où Vichy cherche à diviser la Résistance en accusant les communistes des pires crimes.

Ils sont quatre cent cinquante hommes qui, bravant le froid et la faim, réceptionnent les 14 février, 5 et 10 mars trois parachutages, soit au total un peu plus de trois cents conteneurs qui leur procurent de l'armement léger d'infanterie.

Le 11 mars, Tom Morel est tué.

Quatre jours plus tard, la 157e Division Alpine de la Wehrmacht, avec son aviation et son

---

[91] Homologation dans le grade d'adjudant en faveur de Hugo Schmidt prononcée le 29 avril 1946 et publié au *Journal Officiel* du 16.6.46. Trois mois plus tôt, le 21 mars 1946, il reçoit la Croix de guerre avec étoile de bronze.

artillerie lourde, fait mouvement vers les Glières. Il fait encore froid et la neige épaisse empêche toujours l'accès au Plateau ; les Maquisards se sentent en sécurité.

Sous la pression des Allemands, les miliciens redoublent leurs attaques qui sont à chaque fois repoussées. Devant l'échec des troupes de Vichy, les Allemands passent à l'action. Dorénavant, le plateau sera bombardé quotidiennement. Tous les chalets sont incendiés. Allemands et Vichy se partagent les rôles. La Wehrmacht – 6.000 à 7.000 hommes - prend position le 23 mars ; milice et gendarmes mobiles de réserve (GMR) complètent le bouclage. Nous sommes le 26 mars, jour de l'attaque finale ; le dégel a enfin rendu le plateau accessible. Le bruit court parmi les maquisards que des commandos canadiens, demandés aux Anglais, vont bientôt être parachutés en renfort. Il n'en sera rien et 650 hommes vont tenter de défendre la « forteresse » des Glières.

Dès le premier jour, neuf Espagnols tombent lors de l'encerclement. L'ordre de décrocher est donné, mais tard. Trop sans doute. Et où aller ? Rejoindre les vallées et les maquis d'origine ? Par quel chemin ? Nombreux sont ceux qui ne connaissent pas la région, qui ne possèdent aucun moyen de s'orienter. *« J'étais venu sans carte Michelin »*, m'a affirmé avec humour un survivant. Ils se cachent dans les bois, certains marchent au hasard. Proies faciles pour les « forces de maintien de l'ordre ». *« C'était chacun pour soi,* poursuit Manuel

Joya Martinez. *Avec Ramos et Barba nous avons enfoui nos mitraillettes et couvertures (...) et n'avons gardé que nos revolvers et les toiles de tente*[92] ». Julien Helfgott ajoute : « *Peu à peu, la fatigue nous envahit. Pour certains, moins forts ou blessés, chaque pas est une souffrance renouvelée. Jean Rivaud, touché au cours du bombardement et à peine remis, a les yeux brillants de fièvre. Il marche, soutenu par nous, mais toujours avec un grand sourire... II faut maintenant traverser les eaux glacées du Fier gonflées par la fonte des neiges. Nous nous cramponnons, enlacés trois par trois. Paul est emporté par le courant. Nous le rattrapons à grand-peine. Tout sur nous est maintenant gluant de crasse, d'eau et de sueur. Et puis la faim arrive, non pas la peur, pas du tout la peur, mais la faim, la fatigue, la soif, toujours la soif qui fait racler la langue. Ah, si nous pouvions dormir, même sur cette neige...*»

Comme ses camarades, Ugo tente de fuir. Voulait-il, comme quelques-uns d'entre eux, retourner se cacher sur les pentes du Semnoz, au hameau des Puisots, là où leur incorporation au 517 les avait menés deux ans et demi plus tôt ? Là où, à peine deux mois plus tard, les Allemands assassineront population civile et résistants.

Ugo est capturé dans les premiers jours de la chasse à l'homme. Et coïncidence étrange, la Gestapo referme définitivement son dossier deux jours après son arrestation. Le 30 mars 1944, le procureur de Hamm écrit à la Gestapo de Ratingen :

---

[92] Idem note 84.

« Par effet de date de prescription, les recherches concernant les individus n'ont plus lieu d'être. »

Ses camarades se cachent, souvent dans des endroits dangereux, afin de mettre davantage de chance de leur côté. Mais la traversée des lignes allemandes, très profondes, est difficile et dangereuse ; le plan est de passer par les endroits les plus périlleux. Ils se déplacent de nuit, avec souvent de la neige jusqu'au ventre. Trébuchant, cramponnés aux arbres, utilisant des cordes. 293 Français et 51 Espagnols, affamés, mettent parfois plus d'une semaine pour sortir de la souricière. Mais d'autres n'ont pas cette chance. Dans les vallées, la circulation est interdite, les barrages nombreux. La traque bat son plein.

Le mois d'avril est terrible, forces françaises du « maintien de l'ordre » et Allemands de la 157e division, main dans la main, continuent leur répression. Le 5 avril, l'intendant de police Lelong fait poser des affiches annonçant que tous ceux qui aideraient les hors-la-loi seraient arrêtés et traduits devant la Cour martiale. Les arrestations se multiplient. Certains, rentrés chez eux, sont dénoncés tel Florence Valcesia arrêté le 4 avril par les GMR. Les hommes pris par les « forces de l'ordre » sont abattus sur place ou emmenés à Annecy et torturés. La liste des exécutions s'allonge. Les survivants sont entassés dans la caserne Desaix.

Durant deux semaines, du 7 au 19 avril, la 157e division va conduire cinquante-cinq opérations de nettoyage. Le bilan est terrifiant : 212 tués,

1.158 prisonniers dont 237 résistants, 19 femmes et enfants. La Wehrmacht détruit 204 camps pouvant accueillir plus de 400 hommes, 90 maisons sont incendiées. *« Nous avons été écrasés sous le nombre après une lutte inégale et tragique. Le bataillon a été taillé en pièces. Les uns furent tués, d'autres fait prisonniers et internés au fort d'Annecy où étaient sélectionnés ceux qui devaient être déportés en Allemagne ou ceux qui devaient être fusillés comme otages. »* Témoignage de Jame Barba, résistant des Glières[93].

Ugo, arrêté, est incarcéré à la caserne Desaix d'Annecy. Les autorités vichystes triomphent. Elles vont tenter de se servir de lui et de quelques-uns de ses camarades comme monnaie d'échange. A Alger, le commandant de la Phalange Africaine[94] doit passer en jugement.

Relayées par la presse collaborationniste, dont Le Petit Dauphinois[95], les autorités de Vichy ne

---

93 Idem note 89.

94 Unité créée par le gouvernement de Vichy pour combattre les forces alliées débarquées en Afrique du Nord et recrutant principalement parmi les populations françaises d'Afrique du Nord.

95 Journal le plus lu à Grenoble, le Petit Dauphinois est le principal journal quotidien des Alpes du Nord durant les années de guerre. Dès l'arrivée du maréchal Pétain à la tête du gouvernement, la presse est utilisée afin de convaincre les Français des vertus de la politique de Vichy. Les articles du Petit Dauphinois relaie alors les thèses chères au gouvernement de Vichy : la mystique du Maréchal "sauveur de la France", la Révolution nationale avec pour devise "travail, famille, patrie", la collaboration avec l'Allemagne et la dénonciation de "l'Anti-France" des "communistes, Juifs et Francs-maçons". Le quotidien est suspendu le 23 août 1944 par les autorités issues de la Résistance, en vertu de l'ordonnance prise par le Gouvernement provisoire qui frappe "*les journaux*

manquent pas l'occasion de se vanter de détenir des « *chefs de la Résistance* » et de se faire valoir.

« J'ai été arrêté le 29 mars 1944 par des policiers appartenant aux GMR stationnés dans la ville. Je venais du plateau des Glières, où j'avais participé à la lutte contre les forces allemandes et miliciennes. J'ai tout d'abord été conduit au poste de commandement du directeur des force de maintien de l'ordre en Haute-Savoie, villa Mary à Annecy et, après avoir été interrogé par le capitaine de gendarmerie C., actuellement encore en service dans la gendarmerie nationale, j'ai été emprisonné à la caserne Desaix. J'y suis resté jusqu'au 4 mai. A cette date, le sous-lieutenant de gendarmerie G. est venu avec une camionnette prendre les nommés Valcesia (Florence), Conte (Louis), Schmidt (Hugo), Décor (Fernand) et Zelkovitch (Bernard). Il les a conduits à la prison d'Annecy en leur disant qu'il devait les emmener à Lyon. Une demi-heure après, cet officier est revenu à la caserne Desaix et a pris un deuxième groupe de prisonniers constitué par moi-même, Helfgott (Julien), Dupont (Maurice) et Schick (Robert). Il nous a amenés dans les mêmes conditions à la prison d'Annecy, en nous disant qu'il devait nous transférer à Lyon. En arrivant à la prison, nous y avons retrouvé nos camarades du premier groupe. Aussitôt après notre arrivée, nous avons été conduits tous les neuf dans une salle de la prison transformée pour

---

et périodiques ayant appliqué les consignes de l'autorité occupante et de l'autorité de fait se disant gouvernement de l'Etat français". Il renaîtra sous le titre "Le Dauphiné libéré" le 7 septembre 1945. BNF « Petit Dauphinois » cote 2003-176784 (17).

cette occasion en salle de justice ». Témoignage de Roger Petit fait au mois de mars 1949[96].

C'est Julien Helfgott qui poursuivit ce récit : *« Nous sommes entrés dans une salle de la prison d'Annecy. Menottés. Les gendarmes français nous ont présenté les armes. On nous a dit : vous êtes devant la cour martiale de la milice*[97]*. Appel de nos noms. J'étais le dernier de la liste. Appel de nos noms. (Un silence) « Les personnes qui ont répondu à l'appel sont condamnées à mort et leur exécution a lieu ce jour. » Ça vous tombe dessus. Je suis resté, comme tous mes camarades, stupéfait. Pas d'avocats, pas de documents énonçant nos méfaits, pas de raisons à notre condamnation. Rien du tout. Nos noms. Ensuite, suivis de cette sentence. Ça nous est tombé dessus avec une telle brutalité. C'était pas possible. Et après ?... Après, il s'est passé des choses terribles. On nous a mis dans des salles. J'étais avec Zelkovitch*[98]*, un israélite que j'aimais bien. Il pleurait. Et moi, j'étais au bord des larmes aussi. Nous étions très jeunes. J'avais 24 ans. 24 ans ! C'est des situations où on ne sort pas de grands mots. Où on est pris par quelque chose de tellement incroyable que… On ne sait*

---

[96] Source : *La Grande Débâcle de la collaboration*, Philippe Bourdrel, Le Cherche-Midi, 2007.

[97] La cour martiale du 4 mai 1944 est composée de 5 hommes en uniforme et présidée par le capitaine Lombard, assisté du lieutenant Gott. Onze cercueils attendent sur le champ de tir de la caserne Dessaix, lieu de l'exécution.

[98] Raymond Dubois (de son vrai nom Bernard Zelkovitch), Florent (Florence) Valcesia, Louis Conte, Fernand Décor et Hugo Schmidt sont fusillés dès l'après-midi. Roger Petit, André Fédieu (ancien GMR), Maurice Dupont et Julien Helfgott serviront d'otages. Robert Schlick, est transféré devant une juridiction civile. Petit et Dupont seront déportés et rentreront vivants, Fédieu et Helfgott s'évadent de la prison d'Annecy le 18 août, la veille de la Libération.

plus si c'est la réalité ou si on est plongé dans un autre monde. Relater ces faits, pour moi, c'est quand même une peine intense, une grande douleur. Parce que finalement, pourquoi suis-je resté avec 3 autres camarades ? Et les autres ont été emmenés et je sais qu'ils ont été fusillés très rapidement. Je sais que Hugo Schmidt d'après ce que… le pasteur Chapal m'avait fait un récit de l'exécution, il m'a dit : Hugo Schmidt ne voulait pas qu'on lui bande les yeux. Il a dit : je veux voir mes assassins en face. Je veux les voir. Ça a été évidemment un cri extraordinaire, n'est-ce pas ? Vraiment extraordinaire. Après la guerre, à chaque fois que je rencontrais le pasteur Chapal, il me disait : « c'est une scène que je n'ai jamais pu sortir de ma mémoire. Parce que c'était le crime total. Le crime total. »

Le pasteur Chapal, qui avait visité Hugo plusieurs fois au cours de sa détention lui apportant nourriture et vêtements, est appelé le 4 mai. *« Le 4 mai 1944, à 4 heures de l'après-midi, j'ai été appelé par le Surveillant-Chef de la Maison d'Arrêt qui m'a fait connaître que Schmidt, qui était protestant, venait d'être condamné à mort et allait être exécuté.*

Je l'ai assisté jusqu'à la fin ; il est mort très courageusement après m'avoir fait les dernières recommandations pour sa femme et ses enfants. Je lui ai promis que je ferais tout ce qui était en mon pouvoir pour les aider... »[99]

[99] Service historique de la défense - Vincennes, cote 21P 671871.

Le colonel Cristofini

condamné à mort
par le tribunal d'Ager
a été exécuté ce matin

Tanger 2 mai - On apprend d'Alger que le lieutenant-colonel Cristofini, ancien commandant de la Phalange Africaine, qui avait été condamné à mort par un tribunal militaire illégal a été passé par les armes.

En représailles
le gouvernement ordonne
la mise en jugement
de chefs de la résistance
en Haute-Savoie

Vichy, 3 mai – le gouvernement avait différé la mise en jugement d'un certain nombre de chefs de la résistance armée ayant opéré en Haute-Savoie.

A la suite de l'exécution du lieutenant-colonel Cristofini, illégalement condamné à Alger, il a été décidé que la Cour martiale allait se réunir pour les juger.

(O.F.I.)

Figure 18: Le Petit Dauphinois - Jeudi 4 mai 1944 BNF cote 2003-176784 (16)

MINISTERE DE
L'INTERIEUR

COUR MARTIALE
Loi du 20-I-44
et II-2-I944

E T A T   F R A N C A I S
-:-:-:-:-:-:-:-:-:-:-:-

N O T I F I C A T I O N
-:-:-:-:-:-:-:-:-

Le Président de la Cour Martiale d'Annecy,
à Monsieur le Préfet d4Annecy

Le Président de la Cour Martiale d'Annecy a l'honneur de porter à votre connaissance que la Cour Martiale instituée a Annecy par Arrété du 3 Avril I944 en application de la LOI du 20 Janvier I944?modifiée et complétée par la LOI du II Fevrier I944 et réunie à Annecy le 4 Mai a quatorze heures,

A reconnu coupable des faits visée par la loi du 20 Janvier I944 , les nommés:

VALSESIA Florence,Antoine,né le 23 AOut I92. de Joseph et de DARIANI Pascaline

CONTE Louis,né le 24 Aout I9II a Lempies(Haute Loire) de Eugéne et de RAVISSAC Jeanne;

DECOR Fernand,né le 29 Avril I924 à Entraigues (Vaucluse) de Joseph et de Cornet Marguerite;

SCHMIDT Hugo né le 24 Octobre I9I0 à DUSSELDORF(Allemagne) de Jacob et de LOTZ Gertrude

ZELKOVITCH Bernard,né le 8 Septembre I923 à LOTZ (Pologne) de Isaac et de BAILOWAS Rose;

DUPONT Maurice,né le 20 Fevrier I924 à Lyon de Félix et de MAS Marthe;

SCHLICK Robert,né le ~~28 Avril I.I0 à Thierville(Meuse) de Gaston et de BELLOT Clémence~~; 31 Janvier 1924 à Bolenthal (Bas-Rhin) de Georges et Célin Ernestine

PETIT Roger,né le 28 Avril à Thierville (Meuse) de Gaston et de Bellot Clémence;

HELFGOTT Julien,né le 23 Mai I920 à Paris de maurice et de TAUBENAUS Suzanne.

En conséquence a décidé qu'ils seront passés par les armes en conformité de l'article 5 de la Loi sus visée

En ce qui concerne les nommés BONZI Raymond,né le 8 Octobre I924 à Thorens de François et de GUICHNAL Sylvie et COMTE Robert,né le 2I Mars I92I a Pontschy de Charles et de BOUVARD Angeline,a décidé qu'il ne résulte pas à leur égard la qualite d'auteur prévue par la loi du 20 Janvier I944 .
En conséquence les met à la disposition du Procureur de la République afin qu'il soit requis par lui ce qu'il appartindra.
Il vous appartient de prendre toutes mesures utiles en vue du présent arret conformément aux lois précitées

Le 4 Mai I944 a I4 heures 30
Signé :ILLISIBLE

A ANNECY le 24 Mai I944
Le chefd'Escadron
CALVEYRAC,Commandant
les forces du Maintient
de L'Ordre en
HAUTE Savoie
Signé
DE CALVEYRAC

COPIE CERTIFIEE CONFORME
transmise a Monsieur le Procureur de la République a Annecy

Figure 19: Jugement de la Cour Martiale

La nouvelle de leur exécution se répand parmi les détenus qui, au soir, entonnent *La Marseillaise* en hommage à leurs camarades fusillés. Sans doute peu rassurées, les autorités donnent l'ordre de renforcer la garde.

Ils sont morts un jeudi après-midi, assassinés par une poignée de gendarmes qui, sans se poser de question, ont obtempéré à l'ordre de feu. Acte sans conséquence sur leurs carrières qu'ils poursuivront tranquillement après la guerre, à l'exception du sous-lieutenant ayant commandé le peloton d'exécution qui fut condamné à la Libération.

Hugo Schmidt et ses camarades sont à terre, privés de vie, leurs corps effondrés. Inutile d'inventer un après. Tout est fini. Ici, pas de roman et le réel a cessé d'être. Pourtant une chose demeure : l'espoir.

« Bonheur à tous

Bonheur à ceux qui vont survivre

et goûter la douceur

de la liberté

et de la Paix de demain[100]. »

---

[100] L'affiche Rouge - Louis Aragon (hommage à Missak Manouchian)

LE PETIT DAUPHINOIS

LE GRAND QUOTIDIEN DES ALPES FRANÇAISES

VENDREDI 5 mai 1944

A LA SUITE DE L'EXECUTION DU LIEUTENANT-COLONEL CRISTOFINI

Neufs chefs de la dissidence condamnés à mort par la Cour Martiale

Cinq d'entre eux ont été immédiatement exécutés

Vichy, 4 mai – Comme il avait été annoncé hier, à la suite de l'exécution à Alger du lieutenant-colonel Cristofini. La Cour Martiale s'est réunie ce matin à Annecy et jugé onze chefs de la résistance faits prisonniers au cours des opérations de Haute-Savoie.

Deux d'entre eux ont été renvoyés devant la juridiction ordinaire. Tous les autres ont été condamnés à mort.

Il s'agit de Valcésia Florent, Conte Louis, Décor Fernand, Dupont Maurice, Petit Roger, Schlick Robert, Zelkovitch, Helfgott Lucien *(sic)*, Schmidt Hugo.

Cinq d'entre eux Valcésia Florent, Conte Louis, Décor Fernand, Zelkovitch et Schmidt Hugo ont été immédiatement passés par les armes – (O.F.I.)

L'ARTICLE DU DOCTEUR GOEBBELS

Figure 20: Article publié dans le Petit Dauphinois du 5 mai 1944

Hugo avait 34 ans. A la différence des autres suppliciés, il avait eu sa vie d'homme. Aux autres, « *on ne leur en a pas laissé le temps. Il y a là, quelque chose d'injuste* », déplore Julien Helfgott.

Objets de chantage de la part du gouvernement de Vichy, Maurice Dupont, André Fédieu, Julien Helfgott, Roger Petit et Robert Schlick restent en prison, dans l'attente du jugement à Alger du général Derrien, accusé d'avoir livré le port de Bizerte aux Allemands. Bénéficiant de circonstances atténuantes, Derrien va échapper à la peine de mort, et sa condamnation à la réclusion criminelle à perpétuité vaudra la vie sauve aux cinq otages d'Annecy.

Roger Petit et Maurice Dupont sont déportés, ils rentreront vivants. Robert Schlick[101] est transféré devant une juridiction civile. André Fédieu[102] et Julien Helfgott[103] s'évaderont de la prison d'Annecy le 18 août 1944, veille de la libération de la ville.

Sa liberté retrouvée, Julien Helfgott se consacre à la mémoire de ses camarades disparus.

Il fonde l'association des rescapés des Glières, recherche les corps des suppliciés, les identifie, prend contact avec les familles et réalise son projet : les réunir dans un cimetière au pied du plateau

---

101 Dès sa sortie de prison, Robert Schlick, dit Rousselot, Allemand par son père, s'engage dans la Brigade indépendante Alsace-Lorraine commandée par André Malraux et composée de maquisards alsaciens et lorrains. Affecté à la Compagnie Vieil-Armand du Bataillon « Mulhouse », il s'illustrera dans la Bataille des Vosges et d'Alsace, jusqu'en février 45.

102 André Fédieu, né en 1924, s'engage dans l'armée à 18 ans. Démobilisé et en contact avec la résistance, il s'infiltre en 43, sur ordre du Service de renseignement anglais, dans le G.M.R. " Aquitaine ", dont on savait qu'il allait participer à une action importante contre les maquis. Arrivé en Haute-Savoie, il prend contact avec la résistance et lui livre des informations sur la répression qui se met en place. Il rejoint alors le plateau des Glières. Après son évasion, il s'engage dans l'armée française et combat jusqu'à l'armistice.

103 En novembre 1944, Helfgott témoigne au procès de Georges Lelong, intendant général de la police de Vichy, qui avait reçu l'ordre de « réduire ce nid de terrorisme » qu'était la Haute-Savoie.

des Glières. Son « frère » Hugo y a bien sûr sa place et repose désormais au Mémorial national des Glières parmi 104 de ses camarades.

Figure 21: Plaque pour Hugo, photo de l'auteur.

Et c'est près de Montreux où elle est hébergée dans un home pour réfugiés que Sara reçoit un courrier du pasteur Chapal lui apprenant le tragique destin de Hugo, son mari.

Remerciements

Huguette Martinan et Eddy Balli

Michel Najar

Pierre Bayle

Marie-Hélène Bayle

Philippe Lafargue

Ruud van der Riet

Katy Hazan

Jacqueline Ginet

Ruth Fivaz-Silbermann

Claire Luchetta-Rentchnik

Pierre Lanternier

Geneviève Boris

Eleonore Rinaldi

Fabbio Ecca

Famille Chapal

Francis Luisier

Thérèse-Marie Deffontaines

Françoise Favre

Michel Deutsch

Françoise (Julie) Cloarec

Archives

Archives communales de Montreux - Montreux
Archives cantonales Saint-Gall - Saint-Gall
Archives cantonales Vaudoises - Lausanne
Archives départementales de la Charente - Angoulême
Archives départementales des Hautes-Alpes - Gap
Archives départementales de Haute-Savoie - Annecy
Archives départementales du Rhône - Lyon
Archives générales du Royaume - Bruxelles
Archives Fédérales Suisses (A.F.S.) - Berne
Archives nationales (A.N.) - Pierrefitte
Archivio Centrale dello Stato - Rome
Archives familiales Emile-Eddy Balli
Archives familiales Huguette Maritan-Wijnberg
Associazione Nazionale Perseguitati Politici Italiani Antifascisti (ANPPIA) - Rome
Bibliothèque de documentation internationale contemporaine (BDIC) - Nanterre
Bibliothèque nationale de France (BNF) - Paris
Comité International de la Croix Rouge - Genève
Conseil Œcuménique des Eglises (CoE) - Genève
École polytechnique fédérale de Zurich (ETZ) Zurich
Hôpital Psychiatrique Bassens - Chambéry
Hôpital Psychiatrique Le Vinatier - Lyon
Internationaler Suchdienst (ITS) - Arolsen
Istituto Nazionale per la Storia del Movimento di Liberazione in Italia (INSLI) - Milan
Istituto di Storia Contemporanea (ISC) - Ferrare
Landesarchivs in Nordrhein-Westfalen - Münster
Mairie du Châtelard (73360) - Savoie
Nationaal Archief - La Haye
Œuvre de Secours aux enfants (O.S.E.) - Paris
Service historique de la Défense - Caen
Service historique de la Défense - Vincennes

Pour en savoir plus…

Sur les camps de concentration et de travail en France :

ANDUJAR, Manuel, *Saint-Cyprien, plage... camp de concentration*, Presses Universitaires Blaise Pascal, 2011

EGGERS, Christian, *L'Internement sous toutes ses formes : approche d'une vue d'ensemble du système d'internement dans la zone de Vichy*, Le Monde juif, 1995, n° 153

GAIDA, Peter, *Les étrangers en surnombre. Les Groupements de travailleurs étrangers (GTE), Editions Lulu, 2017* et *Camps de travail sous Vichy,* ANRT, 2008

GRANDJONC, Jacques et GRUNDTNER, Theresia (sous la direction de), Zones *d'ombres (1943-1944) : exil et internement d'Allemands et d'Autrichiens dans le sud-est de la Franc, Alinéa, 1990, p. 227-272.*

GRYNBERG, Anne, *Les camps de la honte : Les internés juifs des camps français (1939-1944)*, La Découverte, 1991

LAHARIE, Claude, *Le camp de Gurs, un aspect méconnu de l'histoire du Béarn*, J&D Editions, 1989

MANEN, Henri, *Au fond de l'abîme, journal du Camp des Milles,* éditions Ampelos, 2013

MENCHERINI, Robert (sous la direction de), *Provence-Auschwitz : De l'internement des étrangers à la déportation des Juifs 1939-1945*, Presses Universitaires de Provence, 2007

PESCHANSKI, Denis, *Les camps français d'internement (1938-1946)*, Gallimard, 2002

WEILL, Joseph, *Contribution à l'histoire des camps d'internement dans l'anti-France,* Ed. Du Centre, 1946

Sur la persécution et le sauvetage des Juifs :

CABANEL, Patrick, *Histoire des Justes en France*, Armand Colin, 2012

CARON, Vicki, *L'Asile incertain : la crise des réfugiés juifs en France 1933-1942*, Editions Tallandier, 2008

FABRE, Emile, C. - MERLE D'AUBIGNE, Jeanne, MOUCHON, Violette, *Les Clandestins de Dieu : CIMADE 1939-1945*, Fayard 1968

FIVAZ-SILBERMANN, Ruth, *Le refoulement de réfugiés civils juifs à la frontière franco-genevoise durant la Seconde Guerre mondiale*, Beate Klarsfeld Foundation, 2000

GERMAIN, Michel, *Mémorial de la déportation : Haute-Savoie, 1940-1945*, Fontaine de Siloé, 1999

MALGAT, Gérard, *Gilberto Bosques, la diplomatie au service de la liberté*, L'atinoir éditions, 2013

MARIOT, Nicolas et ZALC, Claire, *Face à la persécution : 991 Juifs dans la guerre*, Odile Jacob, 2010

MARRUS, MICHAEL et PAXTON, Robert, *Vichy et les juifs*, Calmann-Lévy, 1981

PETTINOTTI, Olivier, *Un Juste manipulé ? Gilbert Lesage, Fonctionnaire de Vichy, la Protection des Réfugiés et des Juifs*, éditions Ampelos, 2013

POZNANSKI Renée, *Les Juifs en France pendant la Seconde Guerre mondiale*, Hachette littératures, 2005

ZASLOFF, Tela, *A Rescuer's Story : Pastor Pierre-Charles Toureille in Vichy France*, University of Wisconsin Press, 2003

Sur la guerre civile espagnole :

AUB, Max, *Manuscrito Cuerco (Manuscrit Corbeau), antología de Cuentos ciertos México, D.F., Antigua Librería Robredo, 1955 - Mare nostrum, 2003*

JORNET, José (sous la direction de), *Républicains espagnols en Midi-Pyrénées : exil, histoire et mémoire,* Presses Universitaires du Mirail, 2004

LUSTIGER, Arno, *Shalom libertad ! Les juifs dans la guerre civile espagnole,* Cerf, 1991

PIGENET, Phryné, *"Papiers !" les forces de l'ordre et les réfugiés espagnols (1939-1945), in* Milliot, Vincent (sous la direction de) *Police et migrants : France 1667-1939,* Presses Universitaires de Rennes, 2001

ROSSELLI, Carlo, *Oggi in Spagna domani in Italia,* Ed. di Giustizia e Libertà Paris 1938 Einaudi,Turin, 1967

VILAR, Pierre, *Plages d'exil : les camps de réfugiés espagnols en France, 1939*, ed. Bibliothèque de documentation internationale contemporaine, Centre universitaire de Nanterre, 1989

Et aussi :

BOURDREL, Philippe, *La grande débâcle de la collaboration*, Le Cherche-Midi , 2007

CANTIER, Jacques, *L'Algérie sous le régime de Vichy*, Odile Jacob, 2002

CAPRARA, Maurizio, *Lavoro riservato, I cassetti segreti del PCI*, Feltrinelli, 1997

Commission BERGIER, *La Suisse, le national-socialisme et la Seconde Guerre mondiale*, Zurich, Editions Pendo, 2002

DALOTEL, Alain, *Le Maquis des Glières*, Plon 1992

DUNDOVICH Elena, GORI Francesca et GUERCETTI Emanuela, *Gulag. Storia e memoria - repressione degli italiani in URSS*, Fondazione Giangiacomo Feltrinelli, 2003

ERLANGER, Simon, *"Nur ein Durchgangsland" : Arbeitslager und Internierungsheime für Flüchtlinge und Emigranten in der Schweiz 1940–1949*, Chronos Verlag, 2006

GERDES, Uta, *Ökumenische Solidarität mit christlichen und jüdischen Verfolgten - Die CIMADE in Vichy-Frankreich 1940–1944*, Vandenhoeck & Ruprecht, 2005

GIANNANTONI, Franco, *L'ombra degli americani sulla Resistenza al confine tra Italia e Svizzera*, Mario Chiarotto Editore, 2007

GOBITZ, Gérard, *Les déportations de réfugiés de Zone Libre en 1942*, l'Harmattan, 1996

GREVY, Jérome, HEYRIES, Hubert et MALTONE, Carmela, *Garibaldi et Garibaldiens en France et en Espagne, Presses Universitaires de Bordeaux, 2011*

GRIMM, Friedrich, *Vom Ruhrkrieg zur Rheinlandräumung*, Hanseatische Verlaganstaldt, 1930

KOESTLER, Arthur, *La lie de la terre*, Paris Editions Charlot, 1946

LAURENT, Jacky, *Chronique des années de plomb. Chambéry 1940-1944*, Editions Sutton, 2000

OUVRAGE COLLECTIF, *Organisation juive de combat France 1940-1945*, Editions Autrement, 2006

PICARD, Jacques, *La Suisse et les Juifs, 1933-1945, Editions D'en Bas, 2001*

PIKETTY, Thomas, *Les Hauts Revenus en France au XXe siècle, inégalités et redistributions 1901-1998, Grasset, 2014*

SEMELIN, Jacques, *Sans armes face à Hitler : La résistance civile en Europe, 1939-1943 ; Payot et Rivages 1989- Les Arènes 2013*

STEINBERG, Maxime, *La persécution des Juifs en Belgique (1940-1945)*, Editions Complexes, 2004

TURDA, Marius (sous la direction de), *The History of East-Central European Eugenics, 1900-1945: Sources and Commentaries,* Bloomsbury Academic, 2015

Index

Table des Illustrations

Cet ouvrage a été composé en
Garamond corps 12, une police de
caractères créée vers 1532 par le célèbre
fondeur protestant Claude Garamond.
Né au début du XVIe siècle, il apprit son
métier de fondeur de caractères
chez Antoine Augereau, un autre
fondeur et imprimeur protestant
qui sera pendu et brûlé
pour hérésie
en 1534.